Spanish for Communication Workbook

To be used with *Basic Spanish Grammar*

ANA C. JARVIS
San Bernardino Valley College

RAQUEL LEBREDO
California Baptist College

D. C. HEATH AND COMPANY
Lexington, Massachusetts   Toronto

Published simultaneously in Canada.

Printed in the United States of America.

International Standard Book Number: 0-669-03091-0

Preface

Spanish for Communication Workbook provides students with practical vocabulary to use in everyday situations with Spanish-speaking people in the United States or while traveling or living in a Spanish-speaking country. Each lesson in the workbook parallels the same lesson in the core text, *Basic Spanish Grammar.* The text presents students with the explanation of a grammar structure; the workbook drills them in the practical application of that structure.

In addition to presenting a dialogue in Spanish and its English equivalent, each lesson contains the following:

- New vocabulary and study of cognates
- Grammatical structure exercises designed to drill important points together with the new vocabulary
- Question-answer exercises
- Dialogue completion exercises
- "A Picture Is Worth a Thousand Words," an illustrated exercise in which the student answers questions about the specific characters, actions, and situations shown
- Situational exercises, in which the student is asked what he or she would say or do in certain everyday situations
- "You're On Your Own," an exercise that gives the student a chance to work with a partner in role-playing, thereby acting out situations similar to those presented in the dialogues
- A class activity involving the entire class, in which the classroom "becomes" that part of the outside world where the action takes place (e.g., a hotel, a restaurant, an airport)

The workbook also contains four vocabulary review sections at five-lesson intervals and an end vocabulary that includes both a Spanish-English vocabulary and an English-Spanish vocabulary. An audio program consisting of six cassettes (approximately six hours duration) accompanies this program. It contains the dialogues (recorded with pauses for repetition) and vocabulary practice exercises.

Spanish for Communication Workbook, together with *Basic Spanish Grammar,* marks a departure from conventional language textbooks in that it was conceived and developed as a fundamental Spanish program for use in intensive regular two-semester courses or three-quarter courses. While concise and brief, the workbook presents all the elements necessary for communication — vocabulary, dialogue prototypes, realistic situations — and fully integrates them with a corresponding grammar foundation presented in the core text.

We wish to express our gratitude to the staff of D. C. Heath and Company for its assistance and encouragement during the preparation of this program.

Ana C. Jarvis
Raquel Lebredo

Contents

Expresiones útiles para la clase (Useful Expressions for the Class)

A. When the professor is speaking to the whole class:

1. **Abran sus libros, por favor.** — Open your books, please.
2. **Cierren sus libros, por favor.** — Close your books, please.
3. **Escriban, por favor.** — Write, please.
4. **Escuchen, por favor.** — Listen, please.
5. **Estudien la lección...** — Study lesson . . .
6. **Hagan el ejercicio número...** — Do exercise number . . .
7. **Pronuncien, por favor.** — Pronounce, please.
8. **Repitan, por favor.** — Repeat, please.
9. **Siéntense, por favor.** — Sit down, please.
10. **Vayan a la página...** — Go to page . . .

B. When speaking to one student:

1. **Continúe, por favor.** — Go on, please.
2. **Lea, por favor.** — Read, please.
3. **Vaya a la pizarra, por favor.** — Go to the blackboard, please.

C. General expressions:

1. **Dictado** — Dictation
2. **Examen** — Exam
3. **Presente** — Present, here

Lesson 1

Marta viaja por México (Parte I)

En el restaurante:

MARTA   — ¡Camarero! El menú, por favor.
CAMARERO —Sí, señorita. Aquí está. Regreso[1] en seguida.

Al rato regresa.

MARTA   —Deseo sopa, langosta y biftec con ensalada.
CAMARERO —¿Desea algo de beber?
MARTA   —Sí, agua mineral y vino.
CAMARERO —¿Y qué desea de postre?
MARTA   —Flan con helado y fruta.
CAMARERO —Muy bien, señorita. ¿Desea tomar café?
MARTA   —Sí, con crema y azúcar, por favor.

Al rato:

MARTA   — ¡Camarero! La cuenta, por favor.
CAMARERO —Sí, señorita.
MARTA   —¿Aceptan Uds. cheques de viajeros o tarjetas de crédito?
CAMARERO —Aceptamos cheques de viajeros, señorita, pero no aceptamos tarjetas de crédito.
MARTA   —Muy bien.

En la farmacia:

MARTA   —Necesito bicarbonato de soda y aspirina, por favor.
EMPLEADA —Sí, señorita.
MARTA   —¿Aceptan ustedes dinero de los Estados Unidos?
EMPLEADA —No, señorita. Lo siento.
MARTA   —¿Dónde cambian dinero?
EMPLEADA —En el banco.
MARTA   —Gracias. Regreso en seguida.

* * *

Martha Travels Through Mexico (Part I)

At the restaurant:

MARTHA: Waiter! The menu, please.
WAITER: Yes, miss. Here you are (here it is). I'll be right back.

---

[1] The present indicative is used here to express near future.

1

Later he returns.

MARTHA: I want soup, lobster, and steak with salad.
WAITER: Do you want anything to drink?
MARTHA: Yes, mineral water and wine.
WAITER: And what do you want for dessert?
MARTHA: Custard with ice cream and fruit.
WAITER: Very well, miss. Do you want to drink coffee?
MARTHA: Yes, with cream and sugar, please.

Later:

MARTHA: Waiter! The check (bill), please.
WAITER: Yes, miss.
MARTHA: Do you accept traveler's checks or credit cards?
WAITER: We accept traveler's checks, miss, but we don't accept credit cards.
MARTHA: Very well.

At the pharmacy:

MARTHA: I need sodium bicarbonate and aspirin, please.
CLERK: Yes, miss.
MARTHA: Do you accept U. S. currency (money from the United States)?
CLERK: No, miss. I'm sorry.
MARTHA: Where do they exchange money?
CLERK: At the bank.
MARTHA: Thanks. I'll be right back.

STUDY OF COGNATES

1. Exact cognate:

   mineral   mineral

2. Same, except for written accent and/or final vowel:

   la aspirina   aspirin
   el menú   menu
   la parte   part

3. Approximate cognates:

   el banco   bank
   el bicarbonato   bicarbonate
   la farmacia   pharmacy
   la fruta   fruit

VOCABULARY

NOUNS

el agua (*f.*) water
el agua mineral mineral water
el azúcar sugar
el bicarbonato de soda sodium bicarbonate
el biftec steak

el café coffee
el (la) camarero[1] **(-a)** waiter (waitress)
la crema cream
el cheque check
el cheque de viajeros traveler's check

---

[1] Also **mozo** (in most Spanish-speaking countries) and **mesero** in Mexico.

2

el (la) empleado(-a) clerk
la ensalada salad
el flan custard
el helado ice cream
la langosta lobster
la sopa soup
la tarjeta de crédito credit
  card
el vino wine

VERBS

aceptar to accept
cambiar to change, to
  exchange
desear to want, to wish
regresar to return
tomar to drink
viajar to travel

OTHER WORDS AND EXPRESSIONS

al rato later, a while later
algo something, anything
aquí está here it is
con with
de from, of
de postre for dessert
¿dónde? where?
en el banco at the bank
en el restaurante at the restaurant
en la farmacia at the pharmacy
en seguida right away
la cuenta, por favor the check (bill), please
lo siento I'm sorry
o or
para beber to drink
pero but
por México in, through Mexico

GRAMMATICAL STRUCTURE EXERCISES

A. Write affirmative sentences using the following pairs of words.

  1. Ud. / vino

  ....

  2. ellos / en seguida

  ....

  3. nosotros / cambiar

  ....

  4. él / cheques de viajeros

  ....

  5. yo / agua mineral

  ....

  6. tú / por México

  ....

B. Make the sentences in A negative.

  1. ....

  2. ....

  3. ....

  4. ....

3

5. ....

6. ....

QUESTION-ANSWER EXERCISE

Answer each of the following questions with a complete sentence.

1. ¿Desea usted biftec con ensalada o langosta?

   ....

2. ¿Desean ustedes sopa?

   ....

3. ¿Qué deseas de postre?

   ....

4. ¿Qué desea usted para tomar? ¿Agua mineral o vino?

   ....

5. ¿Toma usted café?

   ....

6. ¿Aceptan ustedes tarjetas de crédito?

   ....

7. ¿Necesitas bicarbonato de soda?

   ....

8. ¿Necesitan ustedes aspirina?

   ....

9. ¿Dónde cambian dinero?

   ....

10. ¿Aceptamos nosotros dinero de México?

   ....

DIALOGUE COMPLETION

Using your imagination and the vocabulary learned in this lesson, complete the missing lines of these dialogues.

A. *En el restaurante:*

CAMARERO —..

SEÑOR   —Gracias.

CAMARERO —..

4

Al rato:

CAMARERO —..

SEÑOR —Deseo sopa, ensalada y biftec.

CAMARERO —..

SEÑOR —Agua mineral.

CAMARERO —..

SEÑOR —No, gracias. No deseo tomar vino.

CAMARERO —..

SEÑOR —Fruta.

CAMARERO —..

SEÑOR —Sí, por favor. Con crema y azúcar.

Al rato:

SEÑOR — ¡Camarero! La cuenta, por favor.

CAMARERO —..

SEÑOR —¿Aceptan ustedes tarjetas de crédito?

CAMARERO —..

SEÑOR —¿Aceptan cheques de viajeros?

CAMARERO —..

SEÑOR —¿Aceptan dinero de los Estados Unidos?

CAMARERO —..

B. *En la farmacia:*

EMPLEADO —¿Qué desea, señor?

SEÑOR —..

EMPLEADO —Muy bien, señor.

SEÑOR —..

EMPLEADO —No, señor. No aceptamos dinero de los Estados Unidos. Lo siento.

SEÑOR —..

EMPLEADO —En el banco, señor.

SEÑOR —..

5

A PICTURE IS WORTH A THOUSAND WORDS

Write what you think the people are saying in each of the scenes illustrated on page 7.

1. Camarero 1: ....

   Susana: ....

   Mario: ....

2. Camarero 2: ....

   Juan: ....

3. Camarera 1: ....

   Estela: ....

4. Roberto: ....

   Camarera 2: ....

5. Ana: ....

   Camarera 3: ....

SITUATIONAL EXERCISE

What would you say in the following situations?

1. You are a customer. Ask the storekeeper if he accepts credit cards or traveler's checks.
2. You are at a restaurant. Ask the waitress to bring you a menu. Also ask her whether they accept American money at the restaurant.
3. You are very hungry. Order lobster, soup, salad, fruit, custard, and ice cream.
4. You are the waiter (waitress). Ask the customers what they want to drink and what they want for dessert.
5. You are offered wine. Thank the person but tell him you don't drink wine. Tell him you want mineral water.
6. You drank and ate too much. Tell Martha you need sodium bicarbonate and aspirin.
7. You don't have any Mexican pesos. Ask the storekeeper where they exchange money. Tell her you'll be right back.
8. The waiter brings you black coffee. Tell him you want cream and sugar and then ask him for the bill.

YOU'RE ON YOUR OWN!

Act out the following situations with a classmate:

1. A waiter (waitress) and a customer at the restaurant
2. A customer and the clerk at the pharmacy

CLASS ACTIVITY

AT THE RESTAURANT

Organize the class so that three or four students play the roles of waiters and waitresses (the number will depend on class size). Divide the rest of the students into groups of two, three, and four. The class should be set up to resemble a restaurant. The waiters and waitresses will pass out the menus (after the customers ask for them), take the orders, and shout them to the instructor. The customers then will ask for the bill, discuss ways of paying (i.e., with credit cards, traveler's checks, or U. S. currency), and ask where they can change money. Copies of the menu on page 9 should be made in advance.

RESTAURANTE

EL SOMBRERO

PARA COMER
Sopa .... $ 5[1]

Biftec .... $ 50

Langosta .... $ 65

Biftec con langosta $100

Ensalada .... $ 4

POSTRES
Flan .... $ 5

Helado .... $ 4

Flan con helado .... $ 8

Fruta .... $ 3

Fruta con helado .... $ 6

PARA TOMAR
Agua mineral .... $ 2

Vino .... $ 8

Café .... $ 3

---

[1] All prices are in pesos (Mexican currency).

Lesson 2

Marta viaja por México (Parte II)

Marta corre para tomar el ómnibus. Sube y paga el boleto.

MARTA —¿Dónde queda la oficina de correos?
CONDUCTOR —En la Avenida Juárez, señorita.
MARTA —Gracias.

En la oficina de correos:

MARTA —¿Dónde venden timbres?
EMPLEADO —En la ventanilla número cuatro, señorita.
MARTA —Gracias. (*En la ventanilla número cuatro*) Deseo enviar tres cartas a Nueva York por vía aérea, certificadas.
EMPLEADO —Muy bien, señorita. ¿Algo más?
MARTA —Sí, necesito timbres para tres tarjetas postales.
EMPLEADO —Muy bien. Sesenta pesos, señorita.
MARTA —(*Paga*) ¿Dónde queda la oficina de telégrafos? Debo enviar un telegrama.
EMPLEADO —Arriba. Primera puerta a la derecha.
MARTA —Gracias.

Marta sube la escalera, abre la puerta y escribe el telegrama:

> ANA LLEGA NUEVA YORK JULIO QUINCE,
> VUELO 127, AERO MÉXICO.
>
> MARTA

En la compañía de teléfonos:

Marta necesita hacer una llamada de larga distancia y pregunta dónde queda la compañía de teléfonos.

MARTA —Deseo llamar a Buenos Aires.
OPERADORA —¿Cuál es el número?
MARTA —383 7149
OPERADORA —¿De persona a persona?
MARTA —Sí. Deseo hablar con el señor Alberto García, a pagar allá.
OPERADORA —Lo siento. La línea está ocupada.
MARTA —Entonces llamo más tarde. Gracias.

✳   ✳   ✳

Martha Travels Through Mexico (Part II)

Martha runs to take the bus. She gets on and pays for the ticket.

MARTHA: Where is the post office located?
DRIVER: On Juarez Avenue, miss.
MARTHA: Thanks.

At the post office:

MARTHA: Where do they sell stamps?
CLERK: At window number four, miss.
MARTHA: Thanks. (*At window number four*) I want to send three letters to New York, air mail, registered.
CLERK: Very well, miss. Anything else?
MARTHA: Yes, I need stamps for three post cards.
CLERK: Very well. Sixty pesos, miss.
MARTHA: (*She pays*) Where is the telegraph office located? I must send a telegram.
CLERK: Upstairs. First door to the right.
MARTHA: Thanks.

Martha climbs the stairs, opens the door, and writes the telegram:

> ANN ARRIVES NEW YORK JULY FIFTEEN,
> FLIGHT 127, AERO MEXICO.
>
>   MARTHA

At the telephone company:

Martha needs to make a long-distance call, and she asks where the telephone company is located.

MARTHA: I want to call Buenos Aires.
OPERATOR: What's the number?
MARTHA: 383 7149
OPERATOR: Person to person?
MARTHA: Yes. I wish to speak with Mr. Albert Garcia, collect.
OPERATOR: I'm sorry. The line is busy.
MARTHA: Then I'll call later. Thanks.

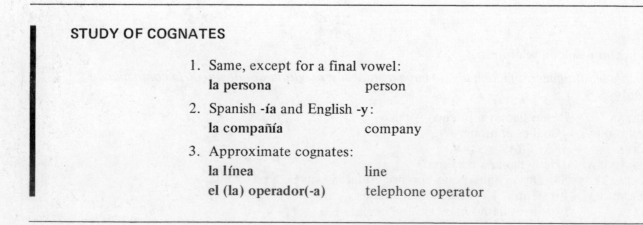

STUDY OF COGNATES

1. Same, except for a final vowel:
   la persona   person

2. Spanish -**ía** and English -**y**:
   la compañía   company

3. Approximate cognates:
   la línea   line
   el (la) operador(-a)   telephone operator

VOCABULARY

NOUNS

la avenida avenue
el boleto ticket
la carta letter
la compañía de teléfonos telephone company
la escalera stair
la llamada call
el número number
la oficina de correos post office
la oficina de telégrafos telephone office
el ómnibus, el camión (*Mex.*) bus
la puerta door
la tarjeta postal post card
el timbre (*Mex.*)**, la estampilla, el sello** stamp
la ventanilla window
el vuelo flight

VERBS

correr to run
deber must, should
enviar to send
llamar to call
llegar to arrive
pagar to pay
preguntar to ask (a question)

quedar to be located
subir to climb, to go up; to get on or in (car, plane, etc.)
tomar to take (bus, train, etc.)
vender to sell

ADJECTIVES

certificado(-a) registered
nuevo(-a) new
ocupado(a) busy
primero(-a) first

OTHER WORDS AND EXPRESSIONS

a to
a la derecha to the right
a pagar allá collect (call)
¿algo más? anything else?
arriba upstairs
entonces then, in that case
hacer una llamada de larga distancia to make a long-distance call
la línea está ocupada the line is busy
para to, in order to, for
por vía aérea air mail
un a, one

GRAMMATICAL STRUCTURE EXERCISES

A. Make the following sentences plural. Follow the model.

Model: **Yo corro** para hablar con **el empleado.**
  Nosotros corremos para hablar con **los empleados.**

1. Él debe pagar el boleto.

   ....

2. Ud. llama a la empleada nueva.

   ....

3. Ella envía la tarjeta postal.

   ....

4. ¿Necesita usted otra estampilla?

   ....

5. Él no abre la puerta.

  ....

6. Usted sube y paga el boleto.

  ....

B. **Fill in the blanks, using the correct forms of the following verbs.**

abrir	llegar	subir
correr	preguntar	tomar
deber	quedar	vender

1. Yo .... dónde queda la compañía de teléfonos.

2. Nosotros no .... el ómnibus.

3. Tú .... a Nuevo México en julio, ¿no?

4. ¿Dónde .... el hotel "Miramar"?

5. Marta y yo .... la escalera y .... la primera puerta a la derecha.

6. Ellos .... estampillas en la ventanilla número cuatro.

7. Ella .... enviar un telegrama.

8. Carlos y yo .... para tomar el ómnibus.

QUESTION–ANSWER EXERCISE

Answer each of the following questions with a complete sentence.

1. ¿Corre usted para llegar a la universidad?

  ....

2. ¿Toma usted el ómnibus?

  ....

3. ¿Dónde queda la oficina de correos?

  ....

4. ¿Venden sellos en la oficina de telégrafos?

  ....

5. ¿Desea usted enviar tres cartas certificadas?

  ....

6. ¿Envía usted las cartas por vía aérea?

  ....

7. ¿Con quién desea hablar Ud.?

....

8. ¿Dónde queda la oficina de telégrafos?

....

9. ¿Debes hacer una llamada de larga distancia?

....

10. ¿Necesitas tarjetas postales?

....

DIALOGUE COMPLETION

Using your imagination and the vocabulary learned in this lesson, complete the missing lines of these dialogues.

A. En la calle:

MARTA —¿..?

SEÑORA —El hotel "México" queda en la Avenida Universidad, señorita.

MARTA —¿..?

SEÑORA —La oficina de telégrafos queda en la Calle Veinte.

MARTA —..

B. En la oficina de correos:

MARTA —Deseo enviar dos cartas a California, por vía aérea y certificadas.

EMPLEADO —..

MARTA —No, no necesito estampillas. ¿Dónde queda la oficina de telégrafos?

EMPLEADO —..

MARTA —Gracias.

C. Con la operadora:

ROSA —Deseo hacer una llamada de larga distancia a Asunción, Paraguay.

OPERADORA —..

ROSA —200 216

OPERADORA —..

ROSA	—Deseo hablar con la señora Dolores Cortés.
OPERADORA	— ....
ROSA	—No, yo pago la llamada.

A PICTURE IS WORTH A THOUSAND WORDS

Complete each of the following sentences describing what the people are doing in the scenes illustrated on page 17.

1. Ana desea ....

2. Juan y Pablo ....

3. Miguel ....

4. Gustavo ....

5. Pablo ....

6. Pedro ....

7. María desea ....

8. El empleado ....

SITUATIONAL EXERCISE

What would you say in the following situations?

1. You are lost. Ask someone where the "El Gaucho" restaurant is located.
2. You are at the post office. Tell another customer that they sell stamps at window number fifteen.
3. Tell the post office employee you want to send two letters to the United States, air mail and registered.
4. Ask a storekeeper if he sells post cards.
5. Send a telegram to a friend, telling him (her) you'll be arriving in Guatemala on August 13, flight 222, Pan Am.
6. Tell the operator you want to make a long-distance call. Tell her (him) it's a person-to-person collect call.
7. You are the operator. Ask your party what number she wants and tell her the line is busy.

YOU'RE ON YOUR OWN!

Act out the following situations with a classmate:

1. A lost tourist asking for directions and a very patient native
2. A tourist and a clerk at the post office
3. A man or woman who wants to make a long-distance call talking to the operator

CLASS ACTIVITY

Set up four offices in the classroom:

1. **Oficina de información**
2. **Oficina de correos** (with two or three windows)
3. **Oficina de teléfonos**
4. **Oficina de telégrafos**

Students should take turns working in each office. The rest of the students, acting as tourists, do the following:

1. Ask for directions.
2. Buy stamps and post cards, and mail letters to different countries and states.
3. Make long-distance calls.
4. Write telegrams at the telegraph office (to be turned in).

Lesson 3

¡Feliz cumpleaños!

Yolanda va a una fiesta de cumpleaños en la casa de su amiga Carmen. Allí conversa con Miguel, un muchacho chileno. Miguel es alto, delgado, moreno y muy guapo. Yolanda no es baja... es de estatura mediana, rubia y muy bonita.

MIGUEL	—¿Así que usted es de Montevideo? Yo soy de Chile.
YOLANDA	—¿De qué parte de Chile? ¿De Santiago?
MIGUEL	—Sí. ¿Usted asiste a la universidad aquí?
YOLANDA	—Sí. Carmen y yo somos compañeras de clase. Nuestro profesor de literatura española es de Chile también...
MIGUEL	—Sí, el doctor Urbieta... es mi padre.
YOLANDA	—¿Usted es el hijo de mi profesor? ¡Qué casualidad! ¿Está él aquí?
MIGUEL	—No, está en casa. Él y mamá dan una fiesta de Navidad para unos amigos de la universidad esta noche.
YOLANDA	—¿Y usted está aquí...?
MIGUEL	—Bueno... son amigos de ellos... Yo voy más tarde. ¿Vamos a la sala?
YOLANDA	—Bueno. ¿Dónde está Carmen? ¿En la cocina?
MIGUEL	—No, está en el comedor. ¿Desea tomar algo? ¿Cerveza..., un coctel..., champaña...?
YOLANDA	—Una limonada o un refresco, por favor... Gracias. Muy amable.
MIGUEL	—¿Un cigarrillo?
YOLANDA	—No, gracias. No fumo.
MIGUEL	—Entonces, yo tampoco. ¿Bailamos?
YOLANDA	—Con mucho gusto.

Miguel invita a Yolanda a la fiesta de sus padres. La muchacha acepta la invitación. Busca su abrigo y su bolsa, que están en el dormitorio de Carmen.

MIGUEL —Buenas noches a todos. (*A Carmen*) ¡Una fiesta fantástica, Carmen! ¡Feliz cumpleaños! ¡Adiós! (*A Yolanda*) ¿Vamos...?

* * *

Happy Birthday!

Yolanda goes to a birthday party at the home of her friend Carmen. There she talks with Miguel, a Chilean young man. Miguel is tall, slim, dark, and very handsome. Yolanda is not short . . . she is medium height, blonde, and very pretty.

MIGUEL:	So you are from Montevideo? I am from Chile.
YOLANDA:	(From) what part of Chile? (From) Santiago?
MIGUEL:	Yes. Do you attend the university here?
YOLANDA:	Yes. Carmen and I are classmates. Our Spanish literature professor is from Chile too. . . .
MIGUEL:	Yes, Doctor Urbieta . . . he's my father.

YOLANDA: You are my professor's son? What a coincidence! Is he here?
MIGUEL: No, he's at home. He and my mother (Mom) are giving a Christmas party for some friends from the university tonight.
YOLANDA: And you are here . . . ?
MIGUEL: Well . . . they are friends of theirs. . . . I'm going later. Shall we go to the living room?
YOLANDA: Okay. Where is Carmen? In the kitchen?
MIGUEL: No, she's in the dining room. Do you want to have anything to drink? Beer . . . , a cocktail . . . , champagne . . . ?
YOLANDA: A lemonade or a soda, please. . . . Thank you. Very kind (of you).
MIGUEL: A cigarette?
YOLANDA: No, thank you. I don't smoke.
MIGUEL: Then, I (won't) either. Shall we dance?
YOLANDA: I'd love to. (With much pleasure.)

Miguel invites Yolanda to his parents' party. The girl accepts the invitation. She looks for her coat and purse, which are in Carmen's bedroom.

MIGUEL: Good night to all. (*To Carmen*) A fantastic party, Carmen! Happy birthday! Goodbye! (*To Yolanda*) Shall we go . . . ?

STUDY OF COGNATES

1. Same, except for written accent and/or final vowel:

   fantástico(-a)   fantastic

2. Spanish **-ción** and English **-tion**:

   la graduación   graduation
   la invitación   invitation

3. Approximate cognates:

   el aniversario   anniversary
   el coctel   cocktail
   el champaña   champagne
   la limonada   lemonade
   la literatura   literature
   próspero(-a)   prosperous

VOCABULARY

NOUNS

el abrazo hug
el abrigo coat
la bolsa bag, purse
la casa house, home
la cerveza beer
el cigarrillo cigarette
la cocina kitchen
el comedor dining room
el, la compañero(-a) de clase classmate

el cumpleaños[1] birthday
el dormitorio[2] bedroom
la fiesta party
la fiesta de cumpleaños birthday party
la fiesta de Navidad Christmas party
la mamá mother, mom
la muchacha girl, young woman
el muchacho boy, young man
la Navidad Christmas

---

[1] Unless the person having a birthday is one year old, **cumpleaños** is always plural.
[2] **la recámara**, in Mexico

20

6. Ella es la amiga de Carlos. Carlos es ....

7. Yo soy la mamá de Olga y de Raquel. Olga y Raquel son ....

8. Ella es nuestra amiga. Nosotros somos ....

QUESTION–ANSWER EXERCISE

Answer each of the following questions with a complete sentence.

1. ¿Va usted a fiestas de cumpleaños?

....

2. ¿Conversa usted con sus compañeros de clase?

....

3. ¿Es usted de los Estados Unidos?

....

4. ¿De qué parte de los Estados Unidos es usted?

....

5. ¿Eres alto(-a), bajo(-a) o de estatura mediana?

....

6. ¿Son ustedes chilenos?

....

7. ¿Eres rubio(-a) o moreno(-a)?

....

8. ¿Es guapo Robert Redford?

....

9. ¿Es bonita su amiga?

....

10. ¿Asiste usted a la universidad?

....

11. ¿De dónde es tu profesor de español?

....

12. ¿Estudian ustedes literatura española?

....

13. ¿Cómo se llama su padre?

....

14. ¿Cómo se llama su mamá?

....

15. ¿Es usted el hijo (la hija) de su profesor(-a)?

....

16. ¿Está usted en casa?

....

17. ¿Da usted una fiesta de Navidad el veinte y cinco de diciembre?

....

18. ¿Van ustedes a una fiesta esta noche?

....

19. ¿Estás en la sala, en el comedor, en el dormitorio o en la cocina?

....

20. ¿Deseas fumar un cigarrillo?

....

DIALOGUE COMPLETION

Using your imagination and the vocabulary learned in this lesson, complete the missing lines of these dialogues.

A. *Carlos y Marisa conversan en una fiesta.*

MARISA —¿Así que usted es de los Estados Unidos?

CARLOS —..

MARISA —¡¿De California?! ¡Qué casualidad! Mis padres y yo viajamos a California en septiembre.

CARLOS —..

MARISA —Bueno... yo hablo inglés, pero mis padres no.

CARLOS —..

MARISA —No, no están aquí. Están en casa.

24

CARLOS —...

MARISA —Sí, un refresco, por favor. Gracias. Muy amable.

CARLOS —...

MARISA No, gracias. No fumo.

CARLOS —...

MARISA —No bailo... Lo siento.

B. *Marisa habla con Anita.*

ANITA —...

MARISA —Busco mi abrigo y mi bolsa. ¿Dónde están?

ANITA —...

MARISA —¡Una fiesta fantástica, Anita! ¡Felicidades por tu graduación!

ANITA —...

A PICTURE IS WORTH A THOUSAND WORDS

Answer the following questions with complete sentences according to the pictures on page 26.

1. ¿Da Dora una fiesta de cumpleaños?

....

2. ¿Con quién conversan Paco y Ana?

....

3. ¿Quién fuma?

....

4. ¿Es alto Julio?

....

5. ¿De dónde es Dora?

....

6. ¿Dónde está Pedro?

....

7. ¿Está en el dormitorio Elisa?

....

8. ¿Con quién baila Rita?

....

9. ¿Qué toma Dora?

....

10. ¿Es bonita Estela?

....

11. ¿Asiste Raquel a la fiesta?

....

12. ¿Qué busca Eva?

....

13. ¿Quién toma champaña?

....

¡FELIZ NAVIDAD!

DORA, UNA SEÑORA DE LIMA, DA UNA FIESTA DE NAVIDAD

Elisa · Eva · Julio · Alberto · Rita · Estela · Paco · Ana · Pedro · Dora · Luis · Mario

14. ¿Es delgado Alberto?

....

15. ¿Paco es rubio o moreno?

....

SITUATIONAL EXERCISE

What would you say in the following situations?

1. Someone asks you to describe your friend. Tell her he is medium height, blond, and not very handsome, but very intelligent.
2. You have just found out that your classmate is from Argentina. Express surprise at the coincidence, for your friend is from Argentina also. Ask him what part of Argentina he is from.
3. Tell someone you attend the University of California, and your Spanish literature professor is from Mexico.
4. Someone asks you whether your father is home. Tell her he is not home tonight. Tell her he's at the home of some friends.
5. Someone offers you a cigarette. Decline.
6. Ask someone to dance.
7. Someone asks you to dance. Accept.
8. Ask someone at your party if he wants anything to drink. Give him a few choices.
9. Write the following cards:
   a. a Christmas card to your parents
   b. an anniversay card to your best friend
   c. a birthday card to your boss
   d. a graduation card to your son or daughter
10. Thank someone for a great party and say good night to everyone.

YOU'RE ON YOUR OWN!

Act out the following situations with a classmate:

1. Two people trying to find out each other's origin, profession, parents' origin, place of residence, etc.
2. The host(-ess) and his (her) guest, at a party

CLASS ACTIVITY

It is Christmas time and Mr. and Mrs. X are having a party to celebrate their anniversary. One of the guests has just received a promotion and another is celebrating a birthday.

The host and hostess are in the classroom and the guests arrive later, in groups or individually. They greet the host and hostess, are introduced to the guests[1] and converse. The guests will congratulate the host and hostess, wish each other a merry Christmas and a happy New Year,

---

[1] Use the vocabulary in the Preliminary Lesson of *Basic Spanish Grammar.*

congratulate the person who has been promoted, and wish the birthday person a happy birthday. You may wish to sing this song (to the tune of "Happy Birthday"):

Cumpleaños feliz,
Cumpleaños feliz.
Mi querido(a) (name)
Cumpleaños feliz.

The guests then thank their host and hostess for a great party and say goodbye.

Lesson 4

En el hotel

El señor López está en un hotel en San Juan, Puerto Rico. No tiene reservación, pero desea una habitación para él y su esposa. Habla con el gerente.

GERENTE — ¿En qué puedo servirle, señor?

SR. LÓPEZ — ¿Tienen Uds. una habitación libre para dos personas?

GERENTE — Sí, tenemos dos. ¿Desea una cama matrimonial o dos camas chicas?

SR. LÓPEZ — Una cama matrimonial. ¿Tiene el cuarto baño privado y agua caliente?

GERENTE — Sí, señor, agua caliente y fría. También tiene aire acondicionado, teléfono y televisor.

SR. LÓPEZ — ¿Cuánto cobran?

GERENTE — Cuarenta y cinco dólares por noche y cinco dólares extra por cada persona adicional.

SR. LÓPEZ — ¿Es con vista a la calle o interior?

GERENTE — Es con vista al jardín y a la piscina.

SR. LÓPEZ — Muy bien. ¿Aceptan tarjetas de crédito?

GERENTE — Sí, señor. (*El señor López paga por dos noches y firma el registro*). Aquí tiene la llave. (*Llama al botones*) ¡Jorge! Las maletas del señor al cuarto 242. (*El botones lleva las maletas*)

SR. LÓPEZ — ¿Es bueno el restaurante que queda en la esquina?

GERENTE — ¿El "Roma"? Sí, la comida es buena allí, pero el restaurante "El Gaucho" es el mejor de todos. Queda a tres cuadras de aquí.

SR. LÓPEZ — ¿Es muy caro?

GERENTE — No es tan caro como otros restaurantes, y el servicio es estupendo.

SR. LÓPEZ — ¡Ah! ¿Dónde venden diarios y revistas?

GERENTE — Aquí, en el vestíbulo del hotel, señor. También venden objetos de arte nativo. Todo muy bonito y bastante barato.

SR. LÓPEZ — Muy bien. ¿A qué hora debemos desocupar el cuarto?

GERENTE — Al mediodía.

SR. LÓPEZ — Aquí viene mi esposa. Gracias, señor.

GERENTE — A sus órdenes, Sr. López. Ah, aquí tiene una lista de restaurantes y excursiones a lugares de interés.

SR. LÓPEZ — Muy bien. ¿Tienen Uds. servicio de habitación? Estamos demasiado cansados para ir a un restaurante.

GERENTE — Sí, señor.

* * *

At the Hotel

Mr. Lopez is in a hotel in San Juan, Puerto Rico. He doesn't have a reservation but he wants a room for himself and his wife. He speaks with the manager.

MANAGER: May I help you?

MR. LOPEZ: Do you have a vacant room for two people?

29

MANAGER: Yes, we have two. Do you want a double bed or two single beds?

MR. LOPEZ: A double bed. Does the room have a private bathroom and hot water?

MANAGER: Yes, sir. Hot and cold water. It also has air conditioning, a telephone, and a T.V. set.

MR. LOPEZ: How much do you charge?

MANAGER: Forty-five dollars a night and five dollars extra for each additional person.

MR. LOPEZ: Is it (the room) exterior (with a view to the street) or interior?

MANAGER: It has a view of the garden and of the swimming pool.

MR. LOPEZ: Very well. Do you accept credit cards?

MANAGER: Yes, sir. (*Mr. Lopez pays for two nights and signs the register*) Here's the key. (*He calls the bellboy*) George! The gentleman's suitcases to room 242. (*The bellboy takes the suitcases*)

MR. LOPEZ: Is the restaurant (which is located) at the corner good?

MANAGER: The "Roma"? Yes, the food is good there, but the "El Gaucho" restaurant is the best of all. It is located three blocks from here.

MR. LOPEZ: Is it very expensive?

MANAGER: It's not as expensive as other restaurants, and the service is great.

MR. LOPEZ: Ah! Where do they sell newspapers and magazines?

MANAGER: Here, in the hotel lobby, sir. They also sell native art objects. Everything (is) very pretty and quite inexpensive.

MR. LOPEZ: Very well. What time do we have to check out (vacate the room)?

MANAGER: At noon.

MR. LOPEZ: Here comes my wife. Thank you, sir.

MANAGER: At your service, Mr. Lopez. Ah. Here's a list of restaurants and tours to places of interest.

MR. LOPEZ: Very well. Do you have room service? We are too tired to go to the restaurant.

MANAGER: Yes, sir.

STUDY OF COGNATES

1. Exact cognates:

extra	extra
interior	interior

2. Same, except for a final vowel:

el arte	art
la lista	list

3. Spanish **-ción** and English **-tion**:

la reservación	reservation

4. Approximate cognates:

adicional	additional
nativo(-a)	native
el objeto	object
privado(-a)	private
el registro	register
el servicio	service

VOCABULARY

NOUNS

el aire air
el aire acondicionado air conditioning
el baño bathroom
el botones bellboy

la cama bed
la cama matrimonial double bed
la comida food
el diario, el periódico newspaper

30

la esquina corner
la excursión tour
el, la gerente manager
la habitación, el cuarto room
el jardín garden
la llave key
la maleta suitcase
la noche night
la piscina, la alberca (*Mex.*) swimming pool
la revista magazine
el televisor T.V. set
el vestíbulo lobby

VERBS

cobrar to charge
desocupar to check out, to vacate
firmar to sign
llevar to take, to carry

ADJECTIVES

barato(-a) inexpensive
bastante quite
caliente hot
caro(-a) expensive

chico(-a) small
estupendo(-a) great, fantastic
frío(-a) cold
libre vacant, free
otro(-a) other, another

OTHER WORDS AND EXPRESSIONS

a... cuadras . . . blocks from
¿a qué hora...? at what time . . . ?
a sus órdenes at your service
al mediodía at noon
aquí tiene... here is . . . (*lit.* here you
  have . . .)
cada each
con vista... with a view to . . .
con vista a la calle, exterior exterior
¿cuánto(-a)? how much?
demasiado too
¿en qué puedo servirle? may I help you?
  (*lit.* how can I serve you?)
los lugares de interés places of interest
por noche a (per) night
servicio de habitación room service
todo everything

GRAMMATICAL STRUCTURE EXERCISES

A. **You are needed as an interpreter. Write the Spanish translation for each of the following
    questions and answers.**

1. Is it your magazine?

   ....

   No, it's the manager's.

   ....

2. Where are you, Ann?

   ....

   I'm in the garden.

   ....

3. Is she Argentinian?

   ....

   Yes, she's from Buenos Aires.

   ....

4. Are you tired, madam?

   ....

   No, I'm not tired.

   ....

5. Where is the restaurant?

   ....

   It's at the corner.

   ....

6. Are you single, sir?

   ....

   No, I'm married.

   ....

7. Is today Saturday? ....

   No, it's Sunday. ....

8. Is it (made) of plastic? ....

   No, it's (made) of glass. ....

9. Is the coffee hot? ....

   No it's cold. ....

10. Is Robert a professor? ....

   No, his wife is a professor. ....

B. **Compare these people to each other using comparative adjectives.**

Model: Olga es .... Anita.
Olga es más alta que Anita.

1. Marisa es .... Olga.

2. José es .... Antonio.

3. Olga es .... Antonio.

4. Antonio es .... todos.

32

5. José es .... todos.

6. Anita es .... Marisa.

7. Olga es .... Marisa.

8. Anita es .... todos.

QUESTION-ANSWER EXERCISE

Answer the following questions with a complete sentence.

1. ¿Tiene Ud. aire acondicionado y televisor en su cuarto?

....

....

2. ¿Necesitan Uds. una cama matrimonial o dos camas chicas?

....

....

3. ¿Es buena la comida en McDonald's?

....

4. ¿Qué periódicos lee Ud.?

....

5. ¿Tienes la llave de tu casa?

....

6. ¿Cuánto cobran por noche en el hotel Hilton? ¿Es caro o barato?

....

....

7. ¿A cuántas cuadras de la universidad está su casa?

....

....

8. ¿Tiene Ud. una habitación con vista a la calle o interior?

....

....

9. ¿Tiene la ciudad donde Ud. vive muchos lugares de interés?

....

....

10. ¿Tienen Uds. piscina?

....

11. Cuando Ud. va a un motel, ¿firma el registro?

....

12. En el hotel "Miramar" cobran ochenta dólares por noche. ¿Es demasiado caro?

....

....

DIALOGUE COMPLETION

Using your imagination and the vocabulary learned in this lesson, complete the missing lines of these dialogues.

A. *Marta habla por teléfono con el empleado del Hotel Azteca.*

MARTA —Deseo hacer una reservación para el quince de julio.

EMPLEADO —..

MARTA —Para dos personas.

EMPLEADO —..

MARTA —Por dos noches.

EMPLEADO —..

MARTA —Dos camas chicas.

EMPLEADO —..

MARTA —Con vista a la calle por favor. ¿Tienen los cuartos baño privado?

EMPLEADO —..

MARTA —¿Cuánto cobran por noche?

EMPLEADO —..

MARTA —Muy bien. Llegamos el quince de julio al mediodía.

B. *Marta llega al Hotel Azteca.*

EMPLEADO —¿En qué puedo servirle, señorita? ¿Tiene Ud. reservación?

34

MARTA   —..

EMPLEADO —No, no aceptamos tarjetas de crédito, pero aceptamos cheques de viajeros.

MARTA   —..

EMPLEADO —Sí, debe firmar el registro. Aquí tiene la llave. Es el cuarto número 520.

MARTA   —..

EMPLEADO —Sí, el "París" es un restaurante muy bueno y el servicio es estupendo, pero es
              bastante caro.

MARTA   —..

EMPLEADO —Sí, señorita. Tenemos servicio de habitación.

MARTA   —..

EMPLEADO —Sí, tenemos una lista de restaurantes, excursiones y lugares de interés. Está en el
              cuarto.

MARTA   —..

EMPLEADO —Deben desocupar el cuarto al mediodía, señorita.

A PICTURE IS WORTH A THOUSAND WORDS

Answer the following questions according to the pictures on page 36.

1. ¿En qué hotel está la familia Soto?

   ....

2. ¿Cuánto debe pagar el señor Soto?

   ....

3. ¿Cómo se llama la hija del señor Soto?

   ....

4. ¿Qué número tiene la habitación de la familia Soto?

   ....

5. ¿Cuántas maletas tienen ellos?

   ....

6. ¿El cuarto número quince es con vista a la calle?

   ....

7. ¿Quién lleva las maletas al cuarto?

   ....

8. ¿Cuánto cobran por una persona en el Hotel Caracas?

   ....

9. ¿Cuánto cobran por dos personas?

   ....

10. ¿Cuánto cobran extra por cada persona adicional?

    ....

11. ¿Con quién habla el señor Soto?

    ....

12. ¿Con quién habla la señora Soto?

    ....

13. ¿Quiénes están en el vestíbulo del hotel?

    ....

14. ¿Tiene aire acondicionado la habitación de la familia Soto? ¿Televisor?

....

15. ¿Es caro o barato el Hotel Caracas?

....

SITUATIONAL EXERCISE

What would you say in the following situations?

1. You are a tourist in Mexico. Tell the hotel clerk you want a room for three people with a private bathroom, a double bed, a single bed, and a view of the garden.
2. You are a hotel clerk in Arizona. Tell your Mexican customer that they sell native art objects, magazines, and newspapers in the lobby. Tell him also that you have a list of restaurants and places of interest.
3. You are a tourist in Guatemala. Ask the hotel clerk if they have a vacancy. Tell him you don't have a reservation. Ask him how much extra they charge for each additional person.
4. You are a hotel manager in California. Ask your Argentinian customer how you can help him. Tell him you have room service. Tell him he must check out at noon. Tell him also that you are at his service.
5. Someone asks you about the "Roma" restaurant. Tell him another restaurant, "El Gaucho," is better. Tell him the service is great and it is quite inexpensive.
6. You are handing a newspaper to someone and say, "Here is the newspaper." Ask that person (at) what time he wants to eat.
7. Someone wants to sell you many art objects. Tell her that everything is very pretty, but too expensive.

YOU'RE ON YOUR OWN!

Act out the following situations with a classmate:

1. A tourist getting a room at a hotel, talking to the hotel manager
2. A tourist asking a native questions about restaurants, souvenirs, and places of interest

CLASS ACTIVITY

1. Two or more hotels can be set up in different corners of the classroom. Two or more students are hotel clerks. The rest of the students play the roles of customers. Some suggestions: a couple and their child, two girls traveling together, two men on business, a couple on their honeymoon, etc.
2. Students make reservations, ask about prices for single rooms, double rooms, an additional person in the room, etc. They also try to find out about restaurants, excursions, and other places of interest. Students should "shop around" before deciding where to stay.

Lesson 5

De vacaciones en Madrid

Miguel y Jorge están de vacaciones en Madrid. Como no tienen mucho dinero, deciden ir a una pensión.

Con la dueña de la pensión:

MIGUEL — ¿Cuánto cobran por un cuarto?

LA DUEÑA — ¿Cuántas personas son?

MIGUEL — Somos dos.

LA DUEÑA — Con comida el precio es de diez mil pesetas por semana. Eso incluye desayuno, almuerzo y cena. Sin comida, cuatro mil quinientas pesetas.

MIGUEL — Queremos un cuarto sin comida porque vamos a viajar mucho.

LA DUEÑA — ¿Cuánto tiempo piensan estar aquí?

MIGUEL — Pensamos estar dos semanas en Madrid.

JORGE — ¿Los cuartos tienen baño privado?

LA DUEÑA — No. Hay dos baños para todos los huéspedes. Están al final del pasillo.

JORGE — ¿Tienen bañadera o ducha?

LA DUEÑA — Las dos cosas.

MIGUEL — ¿Tienen calefacción los cuartos? Porque yo tengo mucho frío...

LA DUEÑA — Sí. Además hay frazadas en el cuarto...

JORGE — ¿Hay una zona de estacionamiento cerca de aquí?

LA DUEÑA — Sí, hay una a tres cuadras de aquí.

MIGUEL — Bueno. ¿Debemos pagar por adelantado?

LA DUEÑA — Sí, deben pagar por adelantado.

JORGE — Muy bien. Vamos a estacionar el coche y a traer el equipaje.

En la habitación:

JORGE — Oye, tengo hambre. ¿Qué hora es?

MIGUEL — Son las ocho y no empiezan a[1] servir la cena hasta las nueve.

JORGE — Entonces vamos a hacer unas compras. Necesito comprar jabón y una toalla. ¿A qué hora cierran las tiendas?

MIGUEL — Creo que a las ocho. Es muy tarde.

JORGE — ¡Paciencia! Oye, ¿por qué no llamamos a Estela y a Pilar para ir a una discoteca esta noche?

MIGUEL — ¡¿Pilar?! Yo no entiendo por qué quieres llevar a Pilar. Es muy fea...

JORGE — Pero es simpática y baila muy bien, sobre todo los bailes modernos.

MIGUEL — Bueno. Oye, yo tengo mucha sed. ¿Por qué no vamos a un café a tomar una cerveza?

JORGE — Buena idea.

---

[1] **Empezar** takes the preposition **a** when followed by an infinitive.

✳   ✳   ✳

On Vacation in Madrid

Michael and George are on vacation in Madrid. Since they don't have much money, they decide to go to a boarding house.

With the owner of the boarding house:

MICHAEL:	How much do you charge for a room?
THE OWNER:	For how many people?
MICHAEL:	There are two of us.
THE OWNER:	With meals, the price is ten thousand pesetas a week. That includes breakfast, lunch, and dinner. Without meals, four thousand five hundred pesetas.
MICHAEL:	We want a room without meals because we are going to travel a lot.
THE OWNER:	How long are you planning to be here?
MICHAEL:	We're planning to be in Madrid (for) two weeks.
GEORGE:	Do the rooms have private bathrooms?
THE OWNER:	No. There are two bathrooms for all the guests. They are at the end of the hall.
GEORGE:	Do they have a bathtub or a shower?
THE OWNER:	Both (things).
MICHAEL:	Do the rooms have heating? Because I'm very cold. . . .
THE OWNER:	Yes. Besides, there are blankets in the room. . . .
GEORGE:	Is there a parking lot near here?
THE OWNER:	Yes, there is one three blocks from here.
MICHAEL:	Okay. Must we pay in advance?
THE OWNER:	Yes, you must pay in advance.
GEORGE:	Very well. We're going to park the car and bring (in) the luggage.

In the room:

GEORGE:	Listen, I'm hungry. What time is it?
MICHAEL:	It's eight o'clock, and they don't start serving dinner until nine.
GEORGE:	Then we're going to do some shopping. I need to buy soap and a towel. What time do they close the stores?
MICHAEL:	At eight, I think. It's very late.
GEORGE:	Too bad! Why don't we call Stella and Pilar to go to a disco tonight?
MICHAEL:	Pilar?! I don't understand why you want to take Pilar. She's very ugly. . . .
GEORGE:	But she's nice and dances very well, especially modern dances.
MICHAEL:	Okay. Listen, I'm very thirsty. Why don't we go to a cafe to have a beer?
GEORGE:	Good idea.

STUDY OF COGNATES

1. Exact cognate:

    la idea   idea

2. Same, except for written accent or final vowel:

    el café   cafe

    moderno(-a)   modern

3. Approximate cognates:

    la discoteca   discotheque

VOCABULARY

NOUNS

el almuerzo lunch
el baile dance
la bañadera bathtub
la calefacción heating
la cena dinner, supper
la comida meal, food
la cosa thing
el desayuno breakfast
la ducha shower
el (la) dueño(-a) owner
el equipaje luggage
la frazada, la cobija blanket
el huésped guest
el jabón soap
el pasillo hall, hallway
la pensión boarding house
el precio price
la semana week
la tienda store
la zona de estacionamiento parking lot

VERBS

comprar to buy
creer to believe, to think
estacionar, aparcar to park
pensar (e:ie) to plan, to intend, to think

servir (e:i) to serve
traer to bring

ADJECTIVES

bueno(-a) good
feo(-a) ugly
simpático(-a) nice, charming, fun to
  be with

OTHER WORDS AND EXPRESSIONS

al final at the end
cerca de aquí near here
como since, being that
¿cuánto tiempo? how long?
eso incluye that includes
estar de vacaciones to be on vacation
hacer unas compras to do some shopping
hasta until
¡oye! listen!
paciencia too bad (*lit.* patience)
pagar por adelantado to pay in advance
¿por qué? why?
porque because
sin without
sobre todo especially, above all
somos dos there are two of us

GRAMMATICAL STRUCTURE EXERCISE

You are needed as an interpreter. Write the Spanish translation for each of the following questions and answers.

1. How old are you, Rita? ....

   I am ten years old. ....

2. I'm in a hurry. What time ....

   is it? ....

   It's ten after five. ....

3. Do you prefer wine or beer? ....

   We prefer beer. ....

4. Where are you going to ....

   park the car? ....

   In the parking lot. ....

5. Is there a hotel near

   here?

   There are five hotels

   near here.

....

....

....

....

QUESTION-ANSWER EXERCISE

Answer the following questions with a complete sentence.

1. Cuando usted está de vacaciones, ¿prefiere ir a un hotel o a una pensión?

....

....

2. ¿Cuánto tiempo piensas estudiar español?

....

3. Cuando va a un hotel, ¿prefiere un cuarto con comida o sin comida?

....

4. ¿Dónde está el baño?

....

5. ¿Tiene usted bañadera o ducha en el baño de su casa?

....

6. ¿Tenemos calefacción aquí?

....

7. ¿Cuántas frazadas hay en su cama?

....

8. En España no empiezan a servir la cena hasta las nueve. ¿Y en los Estados Unidos?

....

9. Voy a servir la cena. ¿Tienes hambre? ¿Y tus compañeros?

....

....

10. Necesito hacer unas compras. ¿A qué hora cierran las tiendas?

   ....

11. ¿Con quién quieres ir a la discoteca?

   ....

12. ¿Lleva usted mucho equipaje cuando viaja?

   ....

DIALOGUE COMPLETION

Using your imagination and the vocabulary learned in this lesson, complete the missing lines of these dialogues.

A. *En la pensión:*

SEÑOR PAZ —...

LA DUEÑA —Cobramos cien dólares por semana.

SR. PAZ —...

LA DUEÑA —Bueno, eso incluye el desayuno y el almuerzo, pero no la cena.

SR. PAZ —...

LA DUEÑA —No, hay tres baños para todos los huéspedes.

SR. PAZ —...

LA DUEÑA —Tienen ducha.

SR. PAZ —...

LA DUEÑA —Sí, debe pagar por adelantado.

B. *Raquel y Ana hablan en la habitación:*

RAQUEL —Oye, ¿por qué no llamamos a Luis y a Guillermo? Quiero ir a la discoteca esta noche.

ANA —...

RAQUEL —Bueno, Luis no baila bien, pero es guapo y simpático... sobre todo, simpático...

ANA —(*Llama*) ....

RAQUEL —¿No están? ¡Paciencia! ¿Quieres ir al café a tomar una cerveza?

ANA —...

A PICTURE IS WORTH A THOUSAND WORDS

A. 1. ¿En qué pensión está la familia Ortiz?

....

   2. ¿Cuántos son en la familia?

....

   3. ¿Cuántos años tiene Paco?

....

   4. ¿Cuántas personas hay en el vestíbulo de la pensión?

....

   5. ¿Qué hora es?

....

B. 1. ¿Qué número de cuarto tiene la familia Ortiz?

....

   2. ¿Cuántas camas hay en el cuarto?

....

   3. ¿Tiene baño privado el cuarto?

....

   4. ¿Tiene ducha o bañadera el baño?

....

   5. ¿Hay toallas en el baño?

....

C. 1. ¿Tiene frío el señor Ortiz?

....

   2. ¿Qué quiere el señor Ortiz?

....

   3. ¿Paco tiene sed?

....

D. 1. ¿Dónde está la familia Ortiz?

....

2. ¿A qué hora empiezan a servir el desayuno?

   ....

3. ¿Cuántas mesas hay en el comedor?

   ....

E. 1. ¿Qué hora es?

   ....

2. ¿Qué quiere hacer la señora Ortiz?

   ....

3. ¿El señor Ortiz quiere ir a bailar también? ¿Por qué?

   ....

SITUATIONAL EXERCISE

What would you say in the following situations?

1. Tell your friend that, since you don't have much money, you are going to go to a boarding house.
2. Tell a tourist that there is a good restaurant five blocks from the hotel.
3. You are the hotel clerk. Tell a customer that, with meals, the price is sixty dollars a night. Tell him that doesn't include dinner.
4. Tell your friend that you want to do some shopping, but that you think the stores close at nine o'clock.
5. Tell someone that, since there is no heating in your room, you are going to need three blankets.
6. Your friend wants to go square dancing. Tell him that you prefer (the) modern dances.
7. Tell a guest at the boarding house that the bathroom is at the end of the hall, on the right.
8. Tell the hotel clerk you need soap and two towels.
9. Tell your roommate you are going to bring the luggage. Also tell him (her) that you're hungry, but that they don't start serving lunch until one o'clock.

YOU'RE ON YOUR OWN!

Act out the following situations with a classmate:

1. A tourist and the owner of the boarding house, discussing accommodations, prices, meals, length of stay, etc.
2. Two friends making plans for the evening

CLASS ACTIVITY

Divide the classroom into different boarding houses. Then, have groups of students go to their different "rooms" and try to decide what to do that day. Possibilities: do some shopping, go to a party, go to a museum, go to a concert, go to the movies or the theater, etc. The students also discuss what kind of restaurant they will go to (a cheap one? a fancy one?) and the possibility of going on a tour (where?). After they decide, one student from each group reports about their plans to the class (start with "*Nosotros queremos...*" or "*Nosotros pensamos...*").

LESSONS 1-5

VOCABULARY REVIEW

A. Circle the word or phrase that does not belong in each group.

1. vino, cerveza, agua mineral
2. avenida, almuerzo, cena
3. arriba, a la derecha, al mediodía
4. refresco, café, limonada
5. comedor, calefacción, cocina
6. fiesta, flan, fruta
7. estupendo, adicional, fantástico
8. mozo, mesero, gerente
9. abrigo, revista, periódico
10. pensión, casa, hotel
11. zona de estacionamiento, al final, estacionar
12. recámara, dormitorio, baño
13. vamos, buscamos, asistimos
14. ¿por qué?, ¿cuándo?, ¿a qué hora?
15. a pagar allá, ¿en qué puedo servirle?, a sus órdenes
16. quiero, deseo, firmo
17. guapa, fea, bonita
18. queda, piensa, está
19. por día, por noche, por semana
20. toalla, jabón, tarjeta

B. Circle the appropriate word or phrase that completes each of the following sentences. Then read the sentence aloud.

1. ¿Qué desea para comer? Aquí está (el menú, la cuadra).
2. Feliz cumpleaños. (Cariñosamente, Aquí tiene), Roberto.
3. Voy al banco para (creer, cambiar) dinero.
4. Ella quiere biftec con (langosta, bolsa).
5. No es muy alto. Es (de estatura mediana, delgado).
6. Bueno... el botones va a llevar (el baile, las maletas).
7. No es un lugar caro. Todo es bastante (moderno, barato).
8. La oficina de telégrafos queda a dos cuadras de aquí. Está (muy cerca, muy libre).
9. Estamos en la clase del profesor Vera. Somos (compañeros, huéspedes) de clase.
10. ¿Bañadera o ducha? Quiero las dos (comidas, cosas).
11. Debemos (invitar, desocupar) el cuarto al mediodía.
12. Ahora no trabajo. Estoy (de vacaciones, de Chile).
13. Necesito una frazada. Tengo (frío, calor).
14. Tengo una lista de los (pasillos, lugares) de interés. ¿Vamos?
15. No aceptamos tarjetas de crédito, pero aceptamos (cheques de viajeros, cuentas).
16. El motel tiene (paciencia, piscina).
17. ¿Para beber? (Un coctel, langosta), por favor.
18. ¿Dónde venden revistas? ¿En cl (vuelo, vestíbulo) del hotel?
19. Ellos no vienen y Roberto no viene (también, tampoco).
20. Entonces voy a (tomar, traer) el ómnibus.
21. ¿Cuánto (tiempo, como) van a estar en el restaurante?
22. Leo (la ventanilla, el diario) por la mañana.
23. Voy a enviar la carta por (vía aérea, noche).
24. Mi padre viene para hablar con (el empleado, la esquina).

25. Mis padres no están (en casa, sobre todo).
26. No es moreno, es (simpático, rubio).
27. ¿Tiene servicio de (sopa, habitación)?
28. Ellos (piensan, viajan) por México y Guatemala porque es barato.
29. ¿Abro la otra (puerta, parte)?
30. ¡Oye! ¿Cuál es el (primo, precio)? ¿Treinta dólares?

C. Match the items in column A with those in column B. Then read the sentences aloud:

A	B
1. ¿Quieres beber	.... a. ocupada?
2. ¿La excursión es	.... b. llaman?
3. ¿Debo pagar	.... c. número 202?
4. ¿Eso incluye	.... d. el desayuno?
5. ¿Aceptan	.... e. de arte nativo?
6. ¿La línea está	.... f. los profesores?
7. ¿Tienen una lista	.... g. extra?
8. ¿A quién	.... h. amable?
9. ¿Quién lleva	.... i. la invitación?
10. ¿No es muy	.... j. privado?
11. ¿Desean el cuarto	.... k. champaña?
12. ¿Venden objetos	.... l. la operadora?
13. ¿Hablo con	.... m. las maletas?
14. ¿Qué preguntan	.... n. de restaurantes?
15. ¿Tienen baño	.... o. esta noche?
16. ¿Regresas	.... p. el registro?
17. ¿Vas a hacer	.... q. doce o trece?
18. ¿Debemos pagar	.... r. reservaciones?
19. ¿Debo firmar	.... s. en seguida?
20. ¿Somos	.... t. por adelantado?

D. Write the following words or phrases in Spanish in the blanks provided. What expression is formed vertically?

they charge   – – – – –

hug   – – – – –

stairs   –   – – – – – –

short (person)   – – –

art   – –   –

air   – –   –

good   – – – –

right away   – –   – – – –

until   – – – –

something   – – –

we climb   – –   – – –

there   – –   –

each   – – –

anything else?: ¿algo____?   – –

I'd love to: **con mucho** ____   – – – –

then   – – – – – – –

registered   –   – – – – – –

to serve   – – – –

company   – – –   – – –

how much?   – –   – –

child   – – – –

cordially   –   – – – – – –

T.V. set   – –   – – – –

E. Crucigrama (Lessons 1–5). Use the clues provided below to complete the crossword puzzle.

HORIZONTAL

1. papá y mamá
6. maletas
7. Necesito la —— para abrir la puerta.
8. Estudiamos *Don Quijote* en la clase de —— española.
11. cobijas
15. todas las personas
16. *salad*, en español
17. ¿Aceptan —— de crédito?
23. Cuando como mucho, necesito —— de soda.
25. —— , almuerzo y cena

28. *clerk*, en español
30. *too*, en español
31. Necesito hacer unas compras. Voy a la —— .
34. Deseo una —— matrimonial.
35. No tiene vista a la calle. Es —— .
38. *garden*, en español
39. Tengo mucho frío. ¿Hay —— en el cuarto?
40. *they arrive*, en español
41. *living room*, en español

VERTICAL

1. Feliz Navidad y —— año nuevo
2. *idea*, en español
3. No quiero un cigarrillo. Yo no —— .
4. ¡ —— por tu graduación!
5. guapa
6. sello
7. Deseo hacer una —— de larga distancia.
9. Compro aspirinas en la —— .
10. el veinte y cinco de diciembre
12. La casa es de ella. Ella es la —— .
13. Bailamos en la —— .
14. bebe
18. Quiero café con —— y azúcar.
19. *they run*, en español
20. *coincidence*, en español

21. hablamos
22. Una muchacha es bonita; un muchacho es —— .
23. Cuando subo al ómnibus, pago el —— .
24. mozo, mesero
26. *ice cream*, en español
27. En el baño hay ducha y —— .
29. cuarto
30. Hay dos camas en nuestro —— .
32. No es rubia. Es —— .
33. estampilla (en México)
34. Opuesto de «frío».
36. Voy a la —— de correos para enviar una carta.
37. *block*, en español

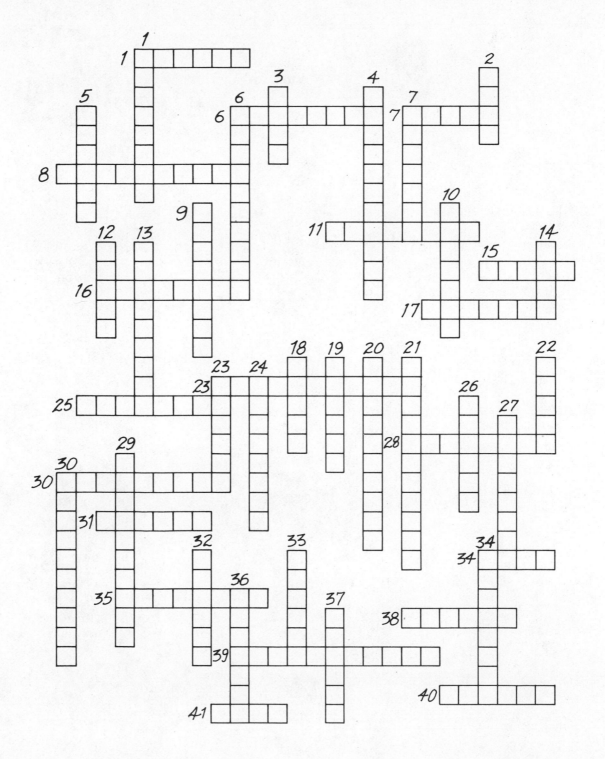

Lesson 6

En la agencia de viajes

Marta va a la agencia de viajes porque quiere viajar a Buenos Aires la semana próxima.

MARTA —Buenos días.

AGENTE —Buenos días, señorita. Tome asiento. ¿En qué puedo servirle?

MARTA —Quiero un pasaje de ida y vuelta a Buenos Aires. ¿Cuándo hay vuelos?

AGENTE —Todos los días excepto los domingos. ¿Quiere un pasaje de primera clase o de turista?

MARTA —De turista. ¿A qué hora son los vuelos?

AGENTE —No recuerdo... voy a ver... Ah, los lunes, miércoles y viernes a las diez de la mañana y los martes, jueves y sábados a las dos de la tarde.

MARTA —A ver... puedo viajar el sábado... ¿Con cuánta anticipación hay que reservar el pasaje?

AGENTE —Hoy mismo, si puede, porque en el verano la gente[1] viaja mucho.

MARTA —Bueno, ¿cuánto cuesta un billete de turista?

AGENTE —Cuesta ocho mil pesos.

MARTA —¿Puedo hacer escala en Río de Janeiro?

AGENTE —Sí, señorita. ¿Va a viajar el sábado?

MARTA —Sí. ¿Necesito algún documento para viajar a Buenos Aires?

AGENTE —Sí, necesita un pasaporte y la visa para Argentina.

MARTA —¿Nada más? Muy bien. Yo tengo mi pasaporte en regla. ¿Cuándo tengo que confirmar la reservación?

AGENTE —A ver... ¿Qué fecha es hoy? El primero de julio... Tiene que confirmar la reservación el jueves tres.

MARTA —Pasado mañana. Muy bien. ¿Puedo reservar el asiento hoy?

AGENTE —No, en el aeropuerto, antes de subir al avión.

MARTA —¿Cuánto peso puedo llevar?

AGENTE —El peso del equipaje ya no importa. Puede llevar dos maletas y un bolso de mano.

Hoy es sábado. Marta está en el aeropuerto, y habla con el empleado de la aerolínea.

MARTA —Tengo tres maletas. ¿Tengo que pagar exceso de equipaje?

EMPLEADO —Sí, señorita. Cien pesos.

MARTA —¿Cuál es la puerta de salida?

EMPLEADO —La puerta número seis, en el segundo piso. Aquí tiene los comprobantes para sus maletas. ¡Buen viaje!

En la puerta número seis:

"Última llamada. Pasajeros para el vuelo 304 a Buenos Aires, favor de subir al avión."

---

[1] The word **gente** is singular in Spanish.

*   *   *

At the Travel Agency

Martha goes to the travel agency because she wants to travel to Buenos Aires next week.

MARTHA: Good morning.
AGENT: Good morning, miss. Have a seat. What can I do for you?
MARTHA: I want a round-trip ticket to Buenos Aires. When are there flights?
AGENT: Every day except on Sundays. Do you want a first class ticket or tourist?
MARTHA: Tourist. What time are the flights?
AGENT: I don't remember.... I'll see.... Oh, on Mondays, Wednesdays, and Fridays at ten o'clock in the morning and on Tuesdays, Thursdays, and Saturdays at 2 P.M.
MARTHA: Let's see.... I can travel on Saturday.... How far in advance must one make reservations (reserve the ticket)?
AGENT: Today, if you can, because in the summer people travel a lot.
MARTHA: Okay, how much does a tourist ticket cost?
AGENT: It costs eight thousand pesos.
MARTHA: Can I make a stopover in Rio?
AGENT: Yes, miss. Are you going to travel on Saturday?
MARTHA: Yes. Do I need any documents to travel to Buenos Aires?
AGENT: Yes, you need a passport and the visa for Argentina.
MARTHA: Nothing else? Very well. I have my passport in order. When do I have to confirm the reservation?
AGENT: Let's see.... What's the date today? July first.... You have to confirm the reservation on Thursday, the third.
MARTHA: The day after tomorrow. Very well. Can I reserve the seat today?
AGENT: No, at the airport, before boarding the plane.
MARTHA: How much weight am I allowed (can I take)?
AGENT: The weight of the luggage no longer matters. You can take two suitcases and a handbag.

Today is Saturday. Martha is at the airport, and talks with the airline clerk.

MARTHA: I have three suitcases. Do I have to pay excess luggage?
CLERK: Yes, miss. One hundred pesos.
MARTHA: Which is the boarding gate?
CLERK: Gate number six, on the second floor. Here are the claim tickets for your suitcases. Have a nice trip!

At gate number six:

"Last call. Passengers for flight 304 to Buenos Aires, please board the plane."

STUDY OF COGNATES

1. Exact cognates:
   la visa   visa

2. Same, except for final vowel:
   el, la agente   agent
   el documento   document
   excepto   except

3. Spanish **-ia** and English **-y**:
   la agencia   agency

4. Approximate cognates:
   el aeropuerto   airport

VOCABULARY

NOUNS

la aerolínea airline
el asiento seat
el avión plane
el bolso de mano handbag
el comprobante claim check, claim ticket
la fecha date
la gente people
el pasaje, el billete ticket
el (la) pasajero(-a) passenger
el peso weight
el piso floor
la puerta gate (at an airport)
la salida exit
el viaje travel, trip

VERBS

confirmar to confirm
costar (o:ue) to cost
importar to matter
reservar to reserve
subir to board (a plane)
ver to see

ADJECTIVES

último(-a) last

OTHER WORDS AND EXPRESSIONS

a ver... let's see . . .
¡buen viaje! (have a) nice trip!
¿con cuánta anticipación? how far in advance?
de ida one way
de ida y vuelta round trip
de primera clase first class
en regla in order
exceso de equipaje excess luggage
favor de please
hacer escala to make a stopover
hoy mismo today, this very day
no importa it doesn't matter
pasado mañana the day after tomorrow
puerta de salida boarding gate
¿qué fecha es hoy? ¿a cuánto estamos hoy?
   what's the date today?
si if
todos los días every day
ya no... no longer . . .

GRAMMATICAL STRUCTURE EXERCISE

Fill in the missing words to complete the following conversations.

1. —¿Cuándo .... Uds. a México?

   —Volamos a México .... domingo próximo.

2. —¿Cuánto .... un pasaje de ida y vuelta a Chile?

   —........................... quinientos dólares. Nosotros .... que pagar por adelantado.

3. —¿En qué .... servirle, señorita?

   —Necesito un pasaje de .... clase para Lima.

4. —¿Necesito .... documento para viajar de Boston a California?

   —No, no necesita .... documento.

5. —¿Quiénes son más inteligentes, ... hombres o .... mujeres?

   MARÍA: —¡ .... mujeres!

   PEDRO: —¡ .... hombres!

6. —Tú siempre viajas en avión, ¿no?

   —¿Yo? ¡No! Yo .... viajo en avión. ¡Tengo miedo!

7. —¿Con cuánta anticipación .... confirmar la reservación?

   —Con dos días de anticipación, señor.

8. —¿Cuántas horas .... ustedes?

   —........................... ocho horas.

QUESTION–ANSWER EXERCISE

Answer the following questions with a complete sentence.

1. Cuando usted viaja, ¿dónde compra los pasajes?

   ....

   ....

2. ¿Piensan ustedes viajar la semana próxima?

   ....

3. ¿Quiere usted un pasaje de ida o de ida y vuelta a Buenos Aires?

   ....

4. ¿Quieres un pasaje de primera clase o de turista?

   ....

5. ¿Pueden ustedes viajar a Chile el sábado?

   ....

6. ¿Adónde va a viajar usted el verano próximo?

   ....

   ....

7. ¿Puede usted volar a México hoy mismo?

   ....

8. Si usted viaja a Buenos Aires, ¿dónde quiere hacer escala?

   ....

   ....

9. ¿Necesito algún documento para viajar de Miami a San Francisco?

   ....

   ....

56

10. ¿Qué documentos hay que tener para viajar a Lima, Perú?

....

....

11. ¿Tiene usted su pasaporte en regla?

....

12. ¿Qué fecha es hoy?

....

13. ¿Tengo que reservar un asiento en el avión en la agencia de viajes o en el aeropuerto?

....

....

14. Tengo quince maletas y cinco bolsos de mano. ¿Tengo que pagar exceso de equipaje?

....

15. ¿En qué piso está su clase de español?

....

DIALOGUE COMPLETION

Using your imagination and the vocabulary learned in this lesson, complete the missing lines of this dialogue.

Roberto y Juan hablan de su viaje a Lima.

ROBERTO   —¿Cuándo hay vuelos para Lima?

JUAN   —..

ROBERTO   —No podemos viajar el jueves. Tenemos que viajar el sábado.

JUAN   —..

ROBERTO   —Creo que hay que hacer la reservación con una semana de anticipación.

JUAN   —..

ROBERTO   —No, hoy no puedo ir a la agencia de viajes. Tengo que estudiar.

JUAN   —..

ROBERTO   —Sí, tengo mi pasaporte pero no tengo la visa.

JUAN   —..

ROBERTO   —Voy a llevar cuatro maletas.

JUAN   — ....

ROBERTO   — ¡¿Tengo que pagar exceso de equipaje?! Entonces llevo sólo un bolso de mano...

A PICTURE IS WORTH A THOUSAND WORDS

Answer the following questions about the pictures on page 59.

A. 1. ¿Adónde va Luisa?

....

    2. ¿Qué quiere comprar Luisa?

....

    3. ¿A qué ciudad quiere viajar Luisa?

....

    4. ¿Dónde está Caracas?

....

    5. ¿Qué días hay vuelos a Caracas?

....

B. 1. ¿Qué pregunta Luisa?

....

....

    2. ¿Son los vuelos por la mañana, por la tarde o por la noche?

....

    3. ¿Con qué aerolínea va a viajar Luisa?

....

C. 1. ¿En qué piso está Luisa?

....

    2. ¿Qué día es hoy?

....

    3. ¿Cuántos aviones hay?

....

    4. ¿Cuántas maletas tiene Luisa?

....

5. ¿Tiene que pagar exceso de equipaje?

   ....

6. ¿Cuántos bolsos de mano tiene Luisa?

   ....

7. ¿Cuál es la puerta de salida?

   ....

SITUATIONAL EXERCISE

What would you say in the following situations?

1. You are at a travel agency. Find out how much a first class, round-trip ticket to Rio de Janeiro costs. Find out also when there are flights to Rio and what documents you need to travel to that city.

2. Tell the travel agent that you have to fly to Cuba the day after tomorrow. Ask him if there are flights to Cuba every day.

3. You work for an airline. Give a passenger the claim checks for his luggage. Tell him that his flight is number 407, at nine o'clock. Wish him a nice trip.

4. You are a travel agent. Tell the customer that there are flights to New York every day except on Wednesdays. Tell her also that she must make reservations today because many people travel in the summer.

5. You work at the airport. Tell the passengers for flight number 609 to Barcelona to please get aboard the plane. Tell them this is the last call.

YOU'RE ON YOUR OWN!

Act out the following situations with a classmate:

1. A traveler talking to a travel agent, getting information on flights to Costa Rica

2. Two friends planning a trip to a foreign country

CLASS ACTIVITY

1. Three or four travel agencies will be set up in the classrooms, each with two clerks (students will select names for agencies and provide any necessary props). The rest of the students will play the roles of travelers. They will ask questions about prices, needed documents, flights, schedules, baggage restrictions, reservations, confirmations, etc.

2. Students will play the roles of passengers at the airport. Eight students will be flight personnel for four different airlines. Deal with luggage, flight numbers, seat numbers, gates, etc. The passengers will gather in waiting areas to await their flight call (either a student or the instructor can call the flights) before proceeding to the appropriate gates.

READING FOR CONTENT

¡Vamos a leer el diario!

HORÓSCOPO

Capricornio (22 de diciembre – 19 de enero)
No debe gastar° mucho dinero ahora.   **gastar** to spend

Acuario (20 de enero – 18 de febrero)
Buenas posibilidades para usted.

Piscis (19 de febrero – 20 de marzo)
La cooperación es importante.

Aries (21 de marzo – 19 de abril)
La semana es muy buena para usted.

Tauro (20 de abril – 20 de mayo)
No debe viajar ahora.

Géminis (21 de mayo – 20 de junio)
Su situación económica va a mejorar.°   **mejorar** to improve

Cáncer (21 de junio – 22 de julio)
Buena época° para firmar un contrato.   **época** time

Leo (23 de julio – 22 de agosto)
Sus problemas económicos van a desaparecer.°   **desaparecer** to disappear

Virgo (23 de agosto – 22 de septiembre)
No debe trabajar mucho ahora.

Libra (23 de septiembre – 22 de octubre)
Buena época para hacer compras.

Escorpión (23 de octubre – 21 de noviembre)
Debe descansar° más.   **descansar** to rest

Sagitario (22 de noviembre – 21 de diciembre)
Debe prestar más atención° a su familia.   **prestar atención** to pay attention

¿VERDADERO O FALSO?

Read each statement and write V or F according to the horoscope.

1. Elena es del signo de Capricornio. Buena semana para hacer muchas compras. _____
2. Gustavo es del signo de Tauro. Es una buena época para visitar Europa. _____
3. Hugo es del signo de Escorpión. No debe trabajar mucho ahora. _____
4. Lola es del signo de Sagitario. Debe prestar menos atención a sus padres. _____
5. Mario es del signo de Piscis. Para mejorar su situación, debe aprender a cooperar más. _____
6. Paco es del signo de Acuario. No es una buena semana para él. _____
7. Olga es del signo de Cáncer. No debe firmar nada ahora. _____
8. Yolanda es del signo de Géminis. Va a recibir dinero. _____
9. Ana es del signo de Virgo. Debe descansar más. _____
10. Pedro es del signo de Leo. Su situación económica va a mejorar. _____
11. Antonio es del signo de Libra. Es una buena semana para gastar dinero. _____
12. Luis es del signo de Aries. Sus problemas van a desaparecer. _____

¡FELIZ CUMPLEAÑOS!

Tu amiga,
Yolanda

¡FELIZ NAVIDAD Y PRÓSPERO AÑO NUEVO!

Cordialmente.
Miguel

¡FELIZ ANIVERSARIO!

Cariñosamente,
Carmen

¡Felicidades en el día de tu graduación!

Un abrazo,
Anita

el padre father
los padres parents
el refresco soda pop
la sala living room
la tarjeta card

VERBS

asistir to attend
bailar to dance
buscar to look for
conversar to talk, to converse
fumar to smoke
invitar to invite

ADJECTIVES

bajo(-a) short (*height*)
bonito(-a) pretty
chileno(-a) Chilean
delgado(-a) thin, slim
guapo(-a) handsome
moreno(-a) dark-skinned, olive-skinned
rubio(-a) blond(e)

OTHER WORDS AND EXPRESSIONS

allí there
aquí here
¿así que...? so . . . ?
¿bailamos? shall we dance?
buenas noches a todos good night to
  everyone
bueno... well . . . , okay
cariñosamente with love
con mucho gusto with (much) pleasure,
  I'd love to
cordialmente cordially
de estatura mediana medium height
en casa at home
esta noche tonight
felicidades congratulations
muy amable very kind (of you)
que that, which
¡qué casualidad! what a coincidence!
también also, too
tampoco neither
todos(-as) everyone, all
¿vamos...? shall we go . . . ?

GRAMMATICAL STRUCTURE EXERCISES

A. Complete the following chart:

INFINITIVO	YO	TÚ	UD., ÉL, ELLA	NOSOTROS	UDS., ELLOS, ELLAS
ser					
	asisto				
		das			
			fuma		
				estamos	
					van

B. Complete the following sentences with the appropriate possessive adjective and relationship.
  Then read each sentence aloud.

  Model: Yo soy el padre de Luisa. Luisa es *mi hija.*

  1. Yo soy la hija de Juan Roca. Juan Roca es ....

  2. Nosotros somos los hijos de María Roca. María Roca es ....

  3. Tú eres el amigo de Ana. Ana es ....

  4. Ud. es el alumno de la doctora Vera. La doctora Vera es ....

  5. Nosotros somos los hijos de los señores Díaz. Los señores Díaz son ....

  ....

22

Lesson 7

¡A Buenos Aires!

Marta sube al avión y la azafata la lleva a su asiento, que está al lado de la ventanilla. Va a ser un vuelo largo, y Marta piensa: "Afortunadamente traigo una buena novela. Puedo terminarla durante el viaje."

AZAFATA	—Vamos a despegar dentro de unos minutos. Favor de abrocharse los cinturones y no fumar.
MARTA	—(*A Raúl Peña, su compañero de asiento*) ¿Sabe usted cuánto tiempo dura el vuelo?
RAÚL	—No sé... unas quince horas...
MARTA	—Supongo que van a pasar alguna película.
RAÚL	—Probablemente...
LA VOZ DEL CAPITÁN	—Bienvenidos al vuelo trescientos cuatro con destino a Buenos Aires. Vamos a volar a una altura de treinta mil pies. Llegamos a Panamá a las seis de la tarde...

Después de salir de Panamá, las azafatas y los sobrecargos sirven la[1] cena.

SOBRECARGO	—(*A Raúl*) Perdón, señor. ¿Es usted vegetariano o come carne?
RAÚL	—Yo como cualquier cosa.
SOBRECARGO	—¿Y qué desea tomar? ¿Café, té o leche?
RAÚL	—Una taza de café, por favor.
SOBRECARGO	—(*A Marta*) ¿Y usted, señorita?
MARTA	—Jugo de naranja o de tomate, por favor.

La azafata trae las bandejas y las pone en las mesitas de los asientos.

RAÚL	—¿Conoce usted Buenos Aires, señorita?
MARTA	—No, no conozco Buenos Aires. Dicen que es la ciudad más hermosa de Latinoamérica.
RAÚL	—Es verdad. ¿Conoce usted a alguien en Buenos Aires?
MARTA	—Sí, conozco a una muchacha de allí, pero no sé dónde vive.
RAÚL	—Estoy un poco mareado...
MARTA	—Hay turbulencia. ¿Quiere una pastilla de Dramamina para el mareo?
RAÚL	—Sí, muchas gracias.

Horas después, el avión aterriza en el aeropuerto internacional de Buenos Aires. Después de pasar[2] por la oficina de inmigración, Marta va a la aduana, donde hace cola.

INSPECTOR	—(*A Marta*) ¿Cuáles son sus maletas, señorita? Debe abrirlas.

Marta las abre y el inspector las revisa.

INSPECTOR	—¿Tiene algo que declarar?
MARTA	—Una cámara fotográfica y una grabadora. Eso es todo.
INSPECTOR	—Muy bien, señorita. Bienvenida a Buenos Aires.

---

[1] The definite article is used before the words **desayuno, almuerzo,** and **cena.**

[2] In Spanish, when a preposition precedes a verb, the verb takes the infinitive form.

*   *   *

To Buenos Aires!

Martha boards the plane and the flight attendant takes her to her seat, which is next to the window. It's going to be a long flight, and Martha thinks: "Fortunately I'm bringing a good novel. I can finish it during the trip."

FLIGHT ATTENDANT:	We are going to take off in a few minutes. Please fasten your seat belts and (observe the) no smoking (sign).
MARTHA:	(*To Ralph Peña, sitting next to her*) Do you know how long the flight lasts?
RALPH:	I don't know . . . about fifteen hours. . . .
MARTHA:	I suppose they are going to show some movie. . . .
RALPH:	Probably. . . .
THE CAPTAIN'S VOICE:	Welcome to flight 304 (with destintion) to Buenos Aires. We are going to fly at an altitude of thirty thousand feet. We will be arriving in Panama at 6 P.M.

After leaving Panama, the flight attendants serve dinner.

FLIGHT ATTENDANT:	(*To Ralph*) Excuse me, sir. Are you a vegetarian or do you eat meat?
RALPH:	I eat anything.
FLIGHT ATTENDANT:	And what will you have to drink? Coffee, tea, or milk?
RALPH:	A cup of coffee, please.
FLIGHT ATTENDANT:	(*To Martha*) And you, miss?
MARTHA:	Orange juice or tomato juice, please.

The flight attendant brings the trays and puts them on the seat's little tables.

RALPH:	Do you know Buenos Aires, miss?
MARTHA:	No, I don't know Buenos Aires. They say (that) it is the most beautiful city in Latin America.
RALPH:	It's true. Do you know anybody in Buenos Aires?
MARTHA:	Yes, I know a girl from there, but I don't know where she lives.
RALPH:	I'm a little dizzy (airsick).
MARTHA:	There is (some) turbulence. Do you want a Dramamine pill for the dizziness?
RALPH:	Yes, please.

Hours later, the plane lands at the international airport of Buenos Aires. After going through the immigration office, Martha goes through customs, where she stands in line.

INSPECTOR:	(*To Martha*) Which suitcases are yours, miss? You must open them.

Martha opens them and the inspector checks them.

INSPECTOR:	Do you have anything to declare?
MARTHA:	A camera and a tape recorder. That's all.
INSPECTOR:	Very well, miss. Welcome to Buenos Aires.

STUDY OF COGNATES

1. Same, except for final vowel:

la novela	novel
el (la) vegetariano(-a)	vegetarian

2. Spanish **-mente** and English **-ly**:

probablemente	probably

3. Approximate cognates:

afortunadamente	fortunately
el capitán	captain
la inmigración	immigration
Latinoamérica	Latin America
la turbulencia	turbulence

VOCABULARY

NOUNS

la aduana customs
la altura height
la azafata female flight attendant, stewardess
la bandeja tray
la cámara fotográfica camera
la grabadora tape recorder
la hora hour
el jugo juice
el jugo de naranja orange juice
el jugo de tomate tomato juice
la leche milk
el mareo dizziness, seasickness, airsickness
la mesita small table
la pastilla pill
la película movie, film
el pie foot
el sobrecargo male flight attendant
la taza cup
la ventanilla window (of a plane, car, bus, or train)
la voz voice

VERBS

aterrizar to land (a plane)
declarar to declare
despegar to take off (a plane)
durar to last
pasar (por) to go through
revisar to check

suponer to suppose
terminar to finish, to end

ADJECTIVES

hermoso(-a) beautiful
largo(-a) long
mareado(-a) dizzy, seasick, airsick

OTHER WORDS AND EXPRESSIONS

al lado de next to
bienvenido(-a) a... welcome to . . .
con destino a... with destination to . . .
¿cuáles? which (*pl.*)?
cualquier cosa anything
dentro de in, within
después de after
durante during
es verdad it's true
eso es todo that's all
favor de abrocharse los cinturones please fasten your seat belts
hacer cola to stand in line
no fumar no smoking
pasar una película to show a movie
perdón excuse me, pardon me
tener algo que declarar to have something to declare
un poco a little
unas... about . . .

GRAMMATICAL STRUCTURE EXERCISE

You are needed as an interpreter. Write the Spanish translation for each of the following questions and answers.

1. Are you bringing your ....

   tape recorder? ....

   No, I never bring it. ....

2. Do you know him? ....

   Yes, but I don't know ....

   where he works. ....

3. What time do they serve ....

   dinner? ....

After nine, probably. ....

4. Do you need the pills? ....

No, I don't need them. ....

5. You have to stand in line. ....

I never stand in line! ....

6. Do you see the boys? ....

No, I don't see them. ....

7. What does she order? ....

She orders orange juice ....

and milk. ....

8. Can you call me ....

tomorrow? ....

Yes, John, I can call you. ....

QUESTION-ANSWER EXERCISE

Answer each of the following questions with a complete sentence.

1. ¿Quiere usted un asiento al lado de la ventanilla?

....

....

2. ¿Cuánto dura el vuelo de Nueva York a Los Ángeles?

....

3. Hoy pasan una buena película en el cine "Universal." ¿Quiere verla?

....

4. ¿A qué altura vuela generalmente un avión 747?

....

5. ¿Quiénes sirven la comida en el avión?

....

6. ¿Es usted vegetariano(-a)?

....

7. ¿Toman ustedes cualquier cosa o solamente vino?

....

66

8. ¿Quiere usted una taza de café o una taza de té?

....

9. ¿Qué traes en la bandeja?

....

....

10. ¿Cuál cree usted que es la ciudad más hermosa de Latinoamérica?

....

11. Cuando usted viaja en avión, ¿tiene miedo si hay turbulencia?

....

12. Cuando tú viajas, ¿tomas pastillas para el mareo?

....

13. ¿Quién revisa el equipaje en la aduana?

....

14. ¿Lleva usted su cámara fotográfica cuando viaja?

....

15. ¿Está usted un poco mareado(-a)?

....

16. ¿Tiene usted miedo cuando el avión despega o aterriza?

....

....

17. ¿Tengo que pasar por inmigración cuando viajo de Latinoamérica a los Estados Unidos?

....

....

18. Alguien dice: "Vamos a volar a una altura de treinta mil pies..." ¿Es la voz del profesor?

....

....

19. ¿A qué hora termina la clase de español?

....

20. Tengo que viajar de Los Ángeles a Italia. ¿Es un viaje muy largo?

....

DIALOGUE COMPLETION

Using your imagination and the vocabulary learned in this lesson, complete the missing lines of these dialogues.

A. En el avión:

AZAFATA —...

PASAJERO —No, gracias. No como carne. Soy vegetariano.

AZAFATA —...

PASAJERO —Jugo de tomate, por favor.

AZAFATA —...

PASAJERO —Sí, por favor, porque no tengo nada para leer.

B. En la aduana:

INSPECTOR —...

PASAJERO —Solamente una grabadora y dos botellas de tequila.

INSPECTOR —...

PASAJERO —Las dos maletas negras, señor.

INSPECTOR —...

A PICTURE IS WORTH A THOUSAND WORDS

Answer the following questions according to the pictures on page 69.

A. 1. ¿A qué altura vuela el avión?

....

2. ¿Dónde está Luis? ¿Qué hace?

....

....

3. ¿Qué hace Dora?

....

4. ¿Qué trae la azafata en la bandeja?

....

5. ¿A quién llama Hugo?

....

6. ¿Qué necesita Hugo? ¿Por qué?

....

....

7. ¿Cree usted que hay turbulencia? ¿Por qué?

....

....

8. ¿Qué película pasa en el avión?

....

9. ¿Es Sara vegetariana?

....

10. ¿Qué tiene el sobrecargo?

....

B. 1. ¿En qué aeropuerto están los pasajeros?

....

2. ¿Dónde hacen cola?

....

3. ¿Qué hace el inspector?

....

....

4. ¿Tiene Pedro algo que declarar? ¿Qué?

....

....

5. ¿Tiene José algo que declarar?

....

6. ¿Quién tiene una grabadora que declarar?

....

7. ¿Cuántos pasajeros hay en la cola?

....

SITUATIONAL EXERCISE

What would you say in the following situations?

1. You are a flight attendant. Tell a passenger you're bringing tomato juice, and you are going to put it on the small table.
2. You are a passenger. Ask a flight attendant how long the flight to Mexico lasts. Tell him also you want some magazines or a novel because you want to read during the trip.
3. You are the captain. Tell the passengers who you are and welcome them to flight 102 (with destination) to New Jersey.
4. You are the flight attendant. Tell the passengers to please fasten their seat belts and not smoke. Tell them also you'll be arriving in Caracas in twenty minutes.
5. You are a customs inspector. Ask a passenger which suitcases are his, and ask him if he has anything to declare. He tells you. Ask him if that's all.
6. Someone says your hometown is the best in the U. S. Tell her that, fortunately, it is true.

YOU'RE ON YOUR OWN!

Act out the following situations with a classmate:

1. Two people traveling on a plane — one is a little dizzy and very nervous
2. A flight attendant serving food and drinks, and a passenger
3. A customs inspector and a passenger

CLASS ACTIVITY

1. The Spanish classroom is turned into a plane. Four or five students play the roles of flight attendants. They welcome everybody aboard and take them to their seats. The passengers are told that the plane is going to take off, to fasten their seat belts, and observe the no smoking sign. One student plays the role of captain. The flight attendants serve dinner. The passengers talk to the people sitting next to them. The instructor could show slides of the place they are going to visit. Students should ask questions. If possible, newspapers and magazines in Spanish should be provided.
2. The plane lands and the passengers go through customs. Four or five students will play the roles of customs inspectors. Students provide the necessary props (bags, tape recorders, cigarettes, cameras, etc.).

Lesson 8

En la peluquería y en la barbería

Daniel López pide turno en la peluquería y su esposa Anita pide turno en el salón de belleza. A las diez menos cuarto de la mañana, ambos salen del hotel. Daniel dobla a la derecha y Anita dobla a la izquierda. Minutos después, Anita entra en la peluquería.

Anita y la peluquera:

ANITA —Tengo turno para las diez. Corte de pelo, lavado y peinado.

PELUQUERA —Enseguida la atiendo, señora. ¿Quiere leer una de estas revistas mientras espera?

ANITA —No, gracias. Voy a leer este periódico.

PELUQUERA —Muy bien, señora.

Al rato:

PELUQUERA —Señora López. Voy a lavarle la cabeza primero. Después voy a cortarle el pelo. ¿Lo quiere muy corto?

ANITA —Sí, ahora no está de moda el pelo largo. ¿Puede rizármelo un poco con el rizador?

PELUQUERA —Sí, cómo no. ¿No quiere una permanente?

ANITA —No, eso lleva mucho tiempo.

PELUQUERA —Muy bien. Están sirviendo café. ¿Quiere una taza?

ANITA —No, gracias. Ah, veo que venden pelucas. ¿Cuánto cuestan?

PELUQUERA —De treinta a cien dólares. Señora. ¿usa Ud. la raya de este lado o del otro?

ANITA —No tengo raya, pero quiero flequillo, por favor.

La peluquera termina de cortarle el pelo, y la pone debajo del secador. Le pregunta si está muy caliente, Anita le dice que no. Mientras tanto, Daniel está en la barbería, leyendo y esperando su turno. Por fin le toca a él.

BARBERO —¿Señor López?

DANIEL —Ah, ¿me toca a mí? ¡Por fin!

BARBERO —Tiene el pelo muy largo. ¿Se lo corto detrás de las orejas?

DANIEL —Sólo quiero un recorte... acá arriba y a los costados, por favor.

BARBERO —¿Y las patillas? ¿Se las dejo como están?

DANIEL —Sí, por favor. ¿Puede recortarme un poco el bigote y afeitarme?

BARBERO —Sí, no hay problema. ¡Caramba! Ud. tiene mucha caspa.

DANIEL —¿Tiene Ud. algún champú especial?

BARBERO —Sí, señor. El champú "Anticaspa" es muy bueno.

DANIEL —Gracias. Lo voy a probar. ¿Es aquél?

BARBERO —Sí, señor. ¡Ah! Ahí está el limpiabotas. Si Ud. quiere, puede limpiarle los zapatos.

DANIEL —Bueno, si puede limpiármelos en diez minutos, porque al mediodía mi esposa me espera para almorzar.

BARBERO —Voy a preguntárselo, señor... ¡Dice que sí!

DANIEL —Estupendo.

                              *   *   *

At the Beauty Parlor and at the Barbershop

Daniel Lopez makes an appointment at the barbershop and his wife Anita makes an appointment at the beauty parlor. At 9:45 A.M. they both leave the hotel. Daniel turns right and Anita turns left. Minutes later, Anita enters the beauty parlor.

Anita and the hairdresser:

ANITA: I have an appointment for ten o'clock. Haircut, shampoo, and set.
HAIRDRESSER: I'll be right with you. Do you want to read one of these magazines while you're waiting?
ANITA: No, thanks. I'm going to read this paper.
HAIRDRESSER: Very well, madam.

Later:

HAIRDRESSER: Mrs. Lopez, I'm going to wash your hair first. Then I'm going to cut your hair. Do you want it very short?
ANITA: Yes, long hair is not in style. Can you curl it a little with the curler?
HAIRDRESSER: Yes, sure. Don't you want a permanent?
ANITA: No, that takes too long. But I want a manicure.
HAIRDRESSER: Very well. They're serving coffee. Do you want a cup?
ANITA: No, thank you. Oh, I see you sell wigs. How much do they cost?
HAIRDRESSER: From thirty to a hundred dollars. Madam, do you part your hair (have your part) on this side or the other one?
ANITA: I don't have a part, but I want bangs, please.

The hairdresser finishes cutting her hair and puts her under the dryer. She asks her if it's too hot and Anita says no. In the meantime, Daniel is at the barbershop, reading and waiting for his turn. At last it is his turn.

BARBER: Mr. Lopez?
DANIEL: Oh, is it my turn? Finally!
BARBER: Your hair is very long. Shall I cut it behind your ears?
DANIEL: I only want a trim . . . up here and on the sides, please.
BARBER: And the sideburns? Shall I leave them as they are?
DANIEL: Yes, please. Can you trim my moustache and shave me, please?
BARBER: Yeah, no problem. Gee! You have a lot of dandruff.
DANIEL: Do you have any special shampoo?
BARBER: Yes, sir. The "Anticaspa" shampoo is very good.
DANIEL: Thanks. I'm going to try it. Is it that one?
BARBER: Yes, sir. Oh, there's the shoeshine boy. If you want, he can shine your shoes.
DANIEL: Well, if he can shine them (for me) in ten minutes . . . because at noon my wife will be waiting for me to have lunch.
BARBER: I'll ask him, sir . . . he says yes.
DANIEL: Great.

STUDY OF COGNATES

1. Same, except for a final vowel:

   la permanente   permanent
   el turno   turn

2. Approximate cognates:

   el champú   shampoo
   especial   special
   la manicura   manicure

74

VOCABULARY

NOUNS

la barbería barbershop
el bigote moustache
la cabeza head
la caspa dandruff
el corte de pelo haircut
el flequillo bangs
el lado side
el lavado shampoo, washing
el limpiabotas shoeshine boy
la oreja ear
la patilla sideburn
el peinado set, hairdo
el pelo, el cabello hair
la peluca wig
el (la) peluquero(-a) hairdresser
la raya part
el recorte trim
el rizador curler
el salón de belleza, la peluquería beauty parlor
el secador dryer
el tiempo time
el zapato shoe

VERBS

afeitar to shave
atender (e:ie) to wait on
cortar to cut
dejar to leave
doblar to turn
entrar to enter, to go in

lavar to wash
limpiar to shine
probar (o:ue) to try
recortar to trim
rizar to curl
usar to use

ADJECTIVES

corto(-a) short

OTHER WORDS AND EXPRESSIONS

a la izquierda to the left
a los costados at the sides
acá arriba up here
ambos both
¡caramba! gee!
debajo de under
decir que no to say no
decir que sí to say yes
detrás de behind
estar de moda to be in style
lavarle la cabeza a alguien to wash someone's hair
llevar mucho tiempo to take a long time
mientras while
mientras tanto in the meantime
pedir turno to make (ask for) an appointment
por fin at last
tocarle a uno to be one's turn

GRAMMATICAL STRUCTURE EXERCISE

Supply the missing words for the following conversations.

1. —¿Quieres estas revistas?

   —No, prefiero .... que están allí.

2. —¿Puede cortarme el pelo ahora?

   —No, no puedo .... hasta el mediodía, señor.

3. —¿Qué está .... Daniel?

   —Está .... el periódico.

4. —¿Quién está .... la comida?

   —La está .... la camarera.

5. – ¿Quién va a limpiarte los zapatos?

   –.......................... va a limpiar el limpiabotas.

6. – ¿Qué le está .... el mozo al señor López?

   –Está .... si quiere crema y azúcar.

7. – ¿No vas a comprarme esta peluca, mamá?

   –No, no .... voy a comprar. Es muy cara.

8. – ¿A qué hora vas a llamarme?

   –.......................... voy a llamar a las doce, Julia.

9. – ¿Qué va a traerles a Uds. Ricardo?

   –Va a .... unos zapatos.

10. – ¿Qué le vas a .... a Santa Claus?

   –Voy a .... un coche.

QUESTION-ANSWER EXERCISE

Answer the following questions with a complete sentence.

1. ¿Necesita Ud. pedir turno para ir a la peluquería (barbería)?

   ....

2. Para ir a la biblioteca, ¿debo doblar a la derecha o a la izquierda?

   ....

3. ¿Necesita Ud. un corte de pelo? (¿lavado? ¿peinado?)

   ....

   ....

4. ¿Le lavan la cabeza antes de cortarle el pelo?

   ....

   ....

5. ¿Tiene Ud. el pelo corto o largo?

   ....

6. ¿Tiene Ud. un secador en su casa?

   ....

7. ¿Tiene Ud. permanente?

....

8. ¿Usa Ud. peluca?

....

9. ¿Usa Ud. la raya del lado izquierdo o del lado derecho?

....

10. ¿Está de moda el flequillo?

....

11. Si lo (la) invitan a Ud. a una discoteca, ¿dice que sí o dice que no?

....

12. ¿Conoce Ud. un buen champú para la caspa? ¿Cuál?

....

DIALOGUE COMPLETION

Using your imagination and the vocabulary learned in this lesson, complete the missing lines of these dialogues.

A. *En el salón de belleza:*

PELUQUERO —¿Quiere el pelo muy corto?

CARMEN —..

PELUQUERO —Sí, ahora está de moda el pelo corto. ¿Quiere una permanente?

CARMEN —..

PELUQUERO —Sí, lleva dos horas.

CARMEN —..

PELUQUERO —Sí, ¡cómo no! Puedo rizárselo con el rizador.

CARMEN —..

PELUQUERO —La chica que hace la manicura no puede atenderla hoy, lo siento.

CARMEN —..

PELUQUERO —Esta peluca negra cuesta ochenta dólares y aquella peluca rubia cuesta cien dólares.

B. En la barbería:

CARLOS   —...

BARBERO   —Sí, le toca a Ud.

CARLOS   —...

BARBERO   —Arriba no necesita recorte. Sólo en los costados.

CARLOS   —...

BARBERO   —Sí, puedo afeitarlo, y si quiere, puedo recortarle un poco el bigote.

CARLOS   —...

BARBERO   —Sí, veo que tiene mucha caspa.

CARLOS   —...

BARBERO   —Sí, hay muchos champús especiales. El "Anticaspa" es el mejor.

CARLOS   —...

A PICTURE IS WORTH A THOUSAND WORDS

Complete the following sentences according to the pictures on page 79.

1. Eva quiere ....

2. Hugo tiene ....

3. La señora Peña está ....

4. Rosa está .... y Ada está ....

5. María ....

6. El peluquero ....

7. El barbero ....

8. El limpiabotas ....

9. Lucía y Marta ....

10. El barbero ....

SITUATIONAL EXERCISE

What would you say in the following situations?

1. Ask the barber if he can trim your hair behind the ears and "up here."
2. Ask the barber (the beautician) if it's your turn. Then exclaim, "finally."
3. You are the barber. Tell your customer he has a lot of dandruff (use an interjection). Tell him which shampoo he should use.

78

4. You are a customer going to a beauty salon. Tell the hairdresser you want a haircut, shampoo, and set.

5. You are a beautician. Tell your customer that you are going to put her under the dryer. Tell her that, in the meantime, you are going to cut her daughter's hair.

6. Someone asks where your two sisters are. Tell him they're both at the beauty parlor.

YOU'RE ON YOUR OWN!

Act out the following situations with a classmate:

1. A beautician and a customer at the beauty parlor
2. A barber and his customer, at the barbershop

CLASS ACTIVITY

The classroom is turned into a hair salon for men and women. Two students will play the roles of receptionists. The rest of the students are beauticians, barbers, or customers. The customers will make appointments with the receptionist, telling the day, time, and what they want done. The receptionist will call each customer when his or her turn comes. Each customer then discusses what he or she wants done. They pay the receptionist as they go out. (The receptionist also sells wigs.) Students should provide the necessary props.

Lesson 9

Marta va de compras

Marta se despierta y ve que ese cuarto no es el suyo. Está en un hotel en Buenos Aires en la Calle Lavalle. Ella se levanta, se ducha, se cepilla los dientes, se viste, se peina, se pone maquillaje, se pone los zapatos, y sale. Las tiendas se abren a las nueve, y Marta no quiere perder un minuto.

En una tienda de ropa para damas:

EMPLEADA —Buenos días, señorita.

MARTA —Buenos días. ¿Cuánto cuesta ese vestido amarillo que está en la vidriera?

EMPLEADA —Once mil pesos, señorita. ¿Quiere probárselo?

MARTA — ¡Once mil pesos! ¡Eso es una fortuna! ¿A cómo está el cambio ahora? ¿Cuánto es eso en dólares?

EMPLEADA —No estoy segura, pero a ese precio es una ganga.

MARTA —A ver... Bueno, voy a probármelo. También quiero probarme esta falda blanca y esa blusa azul.

EMPLEADA —Muy bien, señorita. El probador está a la derecha. ¿Qué talla usa Ud.?

MARTA —Uso talla treinta y seis.

Marta se prueba el vestido amarillo y le queda un poco chico.

MARTA —El vestido me queda un poco chico...

EMPLEADA —Pruébese éste. Es talla treinta y ocho.

MARTA —(*Se lo prueba y se mira en el espejo*) ¡Ah, sí! Me queda muy bien. ¡Me lo llevo! Y la falda y la blusa también.

Marta compra también un conjunto de pantalón y chaqueta, un par de medias, un camisón y ropa interior.

En la zapatería:

MARTA —Necesito un par de zapatos negros de vestir... y un par de sandalias blancas muy cómodas... para caminar.

EMPLEADO —Muy bien, señorita. ¿Qué número calza?

MARTA —Siete y medio, pero tráigame un par número ocho, por si acaso. Y esas botas de la vidriera.

Marta se prueba los zapatos. El siete y medio le aprieta un poco, pero el ocho le queda bien.

EMPLEADO — ¿Se lleva los tres pares, señorita?

MARTA —Sí, ¿dónde pago?

EMPLEADO —Pague en la caja.

MARTA —Muy bien. Dígame... ¿Cómo se va a la Avenida de Mayo desde aquí?

EMPLEADO —Vaya a la esquina y doble a la izquierda. Siga derecho por esa calle hasta llegar a la Calle Belgramo, doble a la derecha. La Avenida de Mayo está a unas doce cuadras de aquí. ¡No me diga que va a ir a pie!

MARTA	—No, creo que voy a tomar un taxi.
EMPLEADO	—(*Ve unos paquetes sobre el mostrador*) ¡Señorita! ¡Espere! ¿Son suyos estos paquetes?
MARTA	—Sí, son míos. Gracias.

*   *   *

Martha Goes Shopping

Martha wakes up and sees that the room is not hers. She's in a hotel in Buenos Aires, on Lavalle Street. She gets up, showers, brushes her teeth, dresses, combs her hair, puts on makeup, puts on her shoes, and goes out. The stores open at nine, and Martha doesn't want to lose one minute.

At a ladies' clothes store:

CLERK: Good morning, miss.

MARTHA: Good morning. How much does that yellow dress in the window cost?

CLERK: Eleven thousand pesos, miss. Do you want to try it on?

MARTHA: Eleven thousand pesos! That's a fortune! What's the rate of exchange now? How much is that in dollars?

CLERK: I'm not sure, but at that price, it's a bargain.

MARTHA: Let's see.... Okay, I'm going to try it on. I also want to try on this white skirt and that blue blouse.

CLERK: Very well, miss. The fitting room is on the right. What size do you wear?

MARTHA: I wear (a) size thirty-six.

Martha tries the yellow dress on and it's a little small on her.

MARTHA: The dress is a little small for me....

CLERK: Try this one on. It's a size thirty-eight.

MARTHA: (*She tries it on and looks in the mirror*) Oh, yes! It fits me very well. I'll take it! And the skirt and the blouse, too.

Martha also buys a pantsuit, a pair of stockings, a nightgown, and (some) underwear.

At the shoe store:

MARTHA: I need a pair of black shoes . . . dressy . . . and a pair of white sandals . . . very comfortable . . . for walking.

CLERK: Very well, miss. What size shoe do you wear?

MARTHA: Seven-and-a-half, but bring me a pair in an eight, just in case. And those boots in the window.

Martha tries the shoes on. The seven-and-a-half (size) is a little tight on her, but the eight fits her fine.

CLERK: Are you taking the three pairs, miss?

MARTHA: Yes, where do I pay?

CLERK: At the cash register.

MARTHA: Very well. Tell me, how does one go to Avenida de Mayo from here.

CLERK: Go to the corner, and turn to the left. Go straight ahead on that street until you arrive at Belgramo Street and turn right. Avenida de Mayo is about twelve blocks from here. Don't tell me you're going to go on foot!

MARTHA: No, I think I'm going to take a taxi.

CLERK: (*He sees some packages on the counter*) Miss! Wait! Are these packages yours?

MARTHA: Yes, they're mine. Thanks.

STUDY OF COGNATES

1. Exact cognates:

   el taxi   taxi

2. Approximate cognates:

   la fortuna   fortune

   el par   pair

   la sandalia   sandal

VOCABULARY

NOUNS

la **bota** boot
la **caja** cash register
el **camisón** nightgown
el **conjunto** outfit
la **chaqueta** jacket
la **dama** lady
el **espejo** mirror
la **falda** skirt
la **ganga** bargain
el **maquillaje** makeup
la **media** stocking
el **mostrador** counter
el **paquete** package, parcel
el **probador** fitting room
la **ropa** clothes
la **ropa interior** underwear
la **ropa para damas** ladies' clothes
la **talla, la medida** size
la **vidriera** store window
la **zapatería** shoe store

VERBS

apretar (e:ie) to squeeze, to be too tight
caminar to walk
cepillar(se) to brush
ducharse to shower

llevarse to take away
mirar(se) to look at (oneself)
peinar(se) to comb (one's hair)
quedar to fit
usar to wear

ADJECTIVES

amarillo(-a) yellow
azul blue
cómodo(-a) comfortable

OTHER WORDS AND EXPRESSIONS

¿a cómo está el cambio? what's the rate
 of exchange?
a pie on foot
cepillarse los dientes to brush one's teeth
conjunto de pantalón y chaqueta pantsuit
de vestir dressy
desde from
estar seguro(-a) to be sure
hasta llegar until you arrive
ir de compras to go shopping
por si acaso just in case
¿qué número calza? what size shoe do you
 wear?
sobre on, on top of

GRAMMATICAL STRUCTURE EXERCISES

A. Change each sentence according to the new subjects or verbs.

1. Yo me despierto temprano.

2. Tú ....

3. Nosotros ....

4. .... nos levantamos ....

5. Ella ....

6. .... se cepilla los dientes.

7. Yo ....

8. Ellas ....

9. .... se ponen maquillaje ....

10. Yo ....

B. Change the following negative commands to affirmative commands.

1. No se cepillen los dientes.

   ....

2. No se lo pruebe en el probador.

   ....

3. No se pongan las botas.

   ....

4. No le dé las medias.

   ....

5. No se las lleve.

   ....

6. No se miren en el espejo.

   ....

7. No compren ropa interior.

   ....

8. No me las traigan.

   ....

9. No les pregunten a cómo está el cambio.

   ....

10. No le diga que uso talla cuarenta.

   ....

QUESTION-ANSWER EXERCISE

Answer the following questions with a complete sentence.

1. ¿A qué hora te despiertas generalmente?

   ....

2. ¿Se ducha Ud. cuando se levanta o antes de acostarse?

   ....

3. ¿Cuántas veces al día se cepilla Ud. los dientes?

   ....

4. ¿Usa Ud. maquillaje?

....

5. ¿A qué hora se abren las tiendas en la ciudad donde Uds. viven?

....

6. En la vidriera de Macy's hay un vestido que cuesta seiscientos dólares. ¿Es una ganga?

....

7. Quiero comprar pesos mexicanos. ¿Sabe Ud. a cómo está el cambio?

....

8. ¿Viene Ud. a la universidad a pie o en coche?

....

9. ¿Qué talla usa Ud.?

....

10. ¿Se mira Ud. en el espejo para peinarse?

....

11. ¿Prefiere Ud. usar sandalias, botas o zapatos?

....

12. ¿Qué número calza Ud.?

....

13. ¿Le quedan bien los zapatos o le aprietan un poco?

....

14. ¿Va Ud. de compras los sábados?

....

15. Mis zapatos cuestan treinta dólares. ¿Cuánto cuestan los suyos?

....

DIALOGUE COMPLETION

Using your imagination and the vocabulary learned in this lesson, complete the missing lines of these dialogues.

A. *En la tienda de ropa para damas:*

EMPLEADO — ¿En qué puedo servirle, señora?

SEÑORA — ....

EMPLEADO —El conjunto de pantalón y chaqueta azul cuesta noventa dólares.

SEÑORA —..

EMPLEADO —Sí, cómo no, puede probárselo.

SEÑORA —..

EMPLEADO —El probador está a la derecha.

SEÑORA —..

EMPLEADO —¿Le queda chico? Bueno, aquí tiene uno de talla cuarenta y dos.

SEÑORA —(*Después de probárselo*) ....

EMPLEADO —Pague en la caja. ¡Ah, señora! ¿Son suyos estos paquetes que están sobre el mostrador?

SEÑORA —..

B. *En la zapatería:*

EMPLEADO —..

SEÑOR —Quiero un par de zapatos negros de vestir.

EMPLEADO —..

SEÑOR —El diez y medio.

EMPLEADO —..

SEÑOR —No, no me quedan bien. Me aprietan mucho. No voy a poder caminar.

EMPLEADO —..

SEÑOR —¿El once? Bueno...

EMPLEADO —..

SEÑOR —Sí, éstos son muy cómodos. ¿Cuánto cuestan?

EMPLEADO —..

SEÑOR — ¡Pero eso es una fortuna!

A PICTURE IS WORTH A THOUSAND WORDS

Answer the questions according to what you see in the pictures on page 87.

A. 1. ¿Qué está mirando María?

....

2. ¿Cuánto cuesta la falda?

....

86

3. ¿Cuánto cuesta la blusa que está en la vidriera?

....

4. ¿Cuánto cuesta el vestido?

....

5. ¿Qué es lo más caro?   ¿Qué es lo más barato?

....

....

B. 1. ¿Qué talla usa Inés?

....

2. ¿Qué se prueba Inés?

....

3. ¿Se mira Inés en el espejo?

....

4. ¿Qué le trae la empleada a Inés?

....

C. 1. ¿Qué está haciendo Rosa?

....

2. ¿Cuánto cuestan las sandalias?

....

3. ¿Cuánto cuestan las botas?

....

4. ¿Cuánto cuestan los zapatos?

....

5. ¿Qué es lo más caro?   ¿Qué es lo más barato?

....

....

D. 1. ¿Qué está haciendo Susana?

....

2. ¿Qué número calza Susana?

....

3. ¿Son pequeños los pies de Susana?

....

4. ¿Cree Ud. que los zapatos le van a quedar bien a Susana? ¿Por qué?

....

E. 1. ¿A qué hora se despierta Lola?

....

2. ¿Qué usa Lola para dormir?

....

3. ¿Qué se va a poner Lola hoy?

....

F. 1. ¿Qué está haciendo José?

....

2. ¿Dónde trabaja José?

....

3. ¿Qué hora es?

....

4. ¿A qué hora cree Ud. que José empieza a trabajar?

....

TELL ME HOW TO GET THERE

Using the illustration on page 90, give someone directions on how to get to their destination from the following points.

1. Estoy en el hospital. ¿Cómo llego al Hotel México?

....

....

2. Estoy en el salón de belleza. ¿Cómo llego al museo?

....

....

3. Estoy en la barbería. ¿Cómo llego al Banco Nacional?

....

....

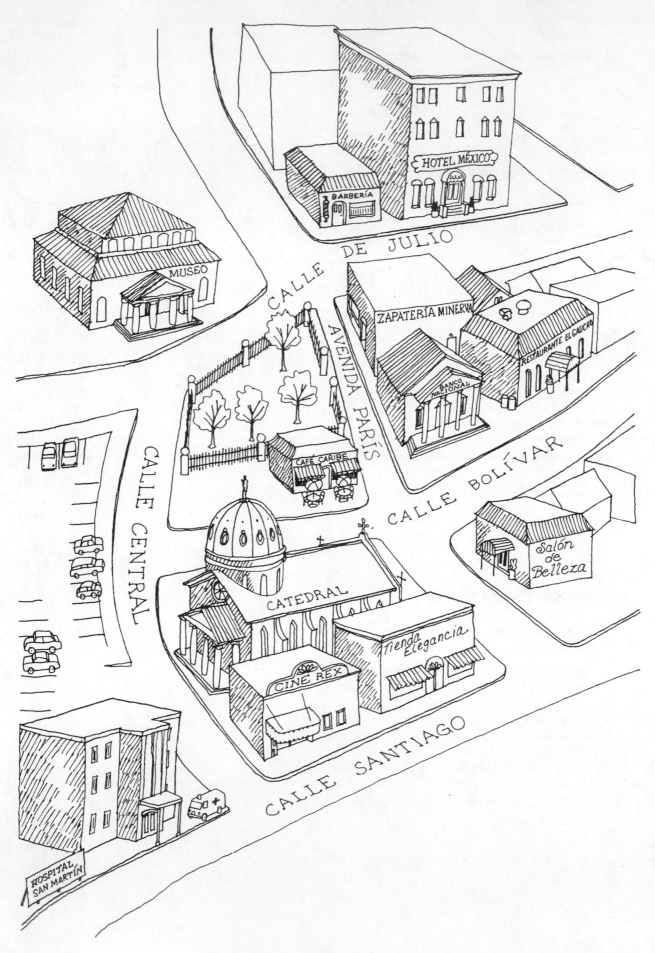

90

4. Estoy en la tienda "Elegancia." ¿Cómo llego a la zona de estacionamiento?

....

....

5. Estoy en el cine "Rex." ¿Cómo llego al restaurante "El Gaucho"?

....

....

6. Estoy en la catedral. ¿Cómo llego a la tienda "Elegancia"?

....

....

7. Estoy en la zapatería "Minerva." ¿Cómo llego al hospital?

....

....

8. Estoy en el café "Caribe." ¿Cómo llego al cine "Rex"?

....

....

9. Estoy en el banco. ¿Cómo llego a la catedral?

....

....

10. Estoy en el Hotel México. ¿Cómo llego al café "Caribe"?

....

....

SITUATIONAL EXERCISE

What would you say in the following situations?

1. You are a clerk. Ask your customer if she wants to try on the yellow blouse. Tell her the fitting room is on the left.
2. You are a customer at a shoe store. Tell the clerk the boots are too small. Ask him if he's sure it's a twelve.
3. You are a customer. Tell the clerk you want (some) underwear and three pairs of stockings. Tell her you wear a size forty.
4. Someone asks you for directions. Tell him to walk four blocks from the store and turn left. Then to continue straight ahead until he arrives at Fifth Avenue.
5. You are buying pants. Tell the salesperson you wear a size thrity-eight, but tell him to bring you a thirty-six, just in case, because you are thinner now.

YOU'RE ON YOUR OWN!

Act out the following situations with a classmate:

1. A woman buying clothes, and the clerk at the store
2. A customer buying shoes, and the clerk at the shoe store

CLASS ACTIVITY

The classroom is turned into a department store. The students will bring pants, pantsuits, dresses, blouses, skirts, shoes, sandals, boots, etc. to class and price every item. Four or five students may work in the shoe department, and another group may work in the ladies' clothes department. The rest will be customers. Signs for fitting rooms should be provided. Customers will select clothes, ask questions about sizes and prices, etc. Everybody should buy something. One or two students could be cashiers, who describe each item, quote all prices, collect the money, and give change. Some students might "forget" a package, in which case the cashier should call them back and ask them if the package is theirs. Other students might ask for directions.

READING FOR CONTENT

¡Vamos a leer el diario!

AVISOS° CLASIFICADOS

avisos, anuncios ads

SE ALQUILA°: apartamento con dos dormitorios, baño, cocina-comedor y sala grande. No se admiten animales. Llamar al teléfono 345-7829.

se alquila for rent

SE VENDE: casa nueva con jardín, piscina y patio grande. Cuatro dormitorios, dos baños, salón de estar° y garaje para dos coches. Cerca de escuelas.° Precio razonable. Tel. 389-4500

salón de estar family room
escuela school

¡NOS MUDAMOS!° Vendemos todos los muebles° de la casa. También un refrigerador, una lavadora° de ropa y una secadora.° Preguntar por el señor Rojas. Tel. 245-7863

mudarse to move / **muebles** furnitue
lavadora washer / **secadora** dryer

SE VENDE: camioneta° usada, año 1975, en buenas condiciones. Ford, de ocho cilindros. ¡Se vende barata! Tel. 503-4530

camioneta station wagon

SE VENDE: Motocicleta Yamaha, como° nueva, sólo 3,000 millas.° Llamar al tel. 987-6520.

como like / **millas** miles

SE NECESITA: Persona responsable para cuidar° a dos niños pequeños. Buen sueldo.° Debe tener buenas referencias. Tel. 486-5969

cuidar to take care of
sueldo salary

SE BUSCA: Mecanógrafa competente para negocio° pequeño. Debe hablar inglés y escribir más de cincuenta palabras por minuto. El sueldo depende de la experiencia.

negocio business

¡GRATIS!° Un perro chihuahua de dos años y también dos gatos siameses. Necesitan un buen hogar.° Llamar al tel. 765-9022.

gratis free
hogar home

92

After reading the classified ads, answer the following questions.

1. Los García tienen dos perros y tres gatos. ¿Pueden alquilar el apartamento? ¿Por qué?

....

....

2. ¿Por qué venden todos los muebles los Rojas? ¿Qué otras cosas venden?

....

....

3. ¿Puede Ud. describir la casa que se vende?

....

....

4. ¿Qué necesita tener la persona que va a cuidar a los niños?

....

....

5. ¿Qué debe saber hacer la mecanógrafa?

....

6. ¿Cuánto cuestan el perro y los tres gatos?

....

7. ¿Es nueva la camioneta Ford? ¿De qué año es?

....

8. ¿Es usada la motocicleta?

....

Lesson 10

Los López están muy ocupados

Daniel y Anita López decidieron quedarse en San Juan por dos o tres meses, por cuestiones de negocios. Alquilaron un apartamento cerca de la playa y emplearon una criada. Anita se matriculó en un curso de verano en la universidad, de modo que está ocupadísima. En este momento acaba de llegar de la universidad, y está hablando con doña María, la criada.

ANITA — ¿Fue al supermercado esta mañana, doña María?

CRIADA —Sí, compré todas las cosas de la lista que usted me dio.

ANITA —Entonces tenemos todo lo necesario para una buena cena. Daniel invitó a un amigo a cenar.

CRIADA —Preparé una ensalada de papas esta mañana. Está en el refrigerador.

ANITA —Muy bien. ¿Hay algo para comer ahora? No comí nada al mediodía.

CRIADA —Sí, voy a hacerle un sándwich de jamón y queso. ¿Quiere un vaso de leche?

ANITA —Sí, gracias. ¡Ah! ¿Me planchó el vestido rosado? Lo necesito para esta noche.

CRIADA —Sí, pero no lavé el suéter marrón del señor Daniel...

ANITA —No, tenemos que mandar ese suéter a la tintorería. Hay que limpiarlo en seco.

CRIADA — ¡Ah! Voy a pasar la aspiradora y a hacer la cama otra vez. El señor Daniel tomó una siesta.

ANITA —Gracias, doña María. Voy a ducharme y después la ayudo a poner la mesa.

CRIADA —Muy bien, señora. (*Mira por la ventana*) Parece que va a llover. El cielo está nublado...

ANITA —No se preocupe. Si llueve yo la llevo a su casa en el carro.

La lista que Anita le dio a la criada:

yogur	fideos
margarina o mantequilla	tocino
queso	piña
leche (3 botellas)	manzanas
harina	peras
1 docena de huevos	toronjas
lechuga	duraznos
tomates	uvas
cebollas	sandía
zanahorias	fresas
ají	detergente
pan	lejía

*　*　*

The Lopezes Are Very Busy

Daniel and Anita Lopez decided to stay in San Juan for two or three months for business reasons. They rented an apartment near the beach and hired a maid. Anita registered in a summer course at the university, so she's extremely busy. At this moment, she has just arrived from the university and is talking to Doña Maria, the maid.

ANITA: Did you go to the supermarket this morning, Doña Maria?
MAID: Yes, I bought everything on the list you gave me.
ANITA: Then we have all the necessary things for a good dinner. Daniel invited a friend to dinner.
MAID: I prepared a potato salad this morning. It's in the refrigerator.
ANITA: Very well. Is there anything to eat now? I didn't have anything to eat at noon.
MAID: Yes, I'll make you a ham and cheese sandwich. Do you want a glass of milk?
ANITA: Yes, thanks. Oh, did you iron my pink dress for me? I need it for tonight.
MAID: Yes, but I didn't wash Mr. Daniel's brown sweater.
ANITA: No, we have to send that sweater to the cleaners. It must be dry-cleaned.
MAID: Oh, I'm going to vacuum and make the bed again. Mr. Daniel took a nap.
ANITA: Thanks, Doña Maria. I'm going to shower and then I'll help you set the table.
MAID: Very well, madam. (*She looks through the window*) It seems it's going to rain. The sky is cloudy. . . .
ANITA: Don't worry. If it rains I'll give you a ride home.

STUDY OF COGNATES

1. Same, except for a final vowel or a written accent:

el detergente	detergent
el sándwich	sandwich

2. Approximate cognates:

el curso	course
la docena	dozen
la margarina	margarine
el suéter	sweater
el tomate	tomato
el yogur	yogurt

VOCABULARY

NOUNS

el ají bell pepper
la aspiradora vacuum cleaner
la cebolla onion
el cielo sky
la criada maid
el durazno, el melocotón peach
los fideos noodles
las fresas strawberries
la harina flour
el huevo, el blanquillo (*Mex.*) egg
el jamón ham
la lechuga lettuce

la lejía bleach
la mantequilla butter
la manzana apple
el pan bread
la papa, la patata potato
la pera pear
la piña pineapple
el queso cheese
la sandía, el melón de agua watermelon
la siesta nap
el supermercado supermarket
el tocino bacon

la **toronja** grapefruit
las **uvas** grapes
el **vaso** glass
la **zanahoria** carrot

VERBS

alquilar to rent
cenar to have supper (dinner)
emplear to hire, to employ
matricularse to register (for school)
parecer to seem
preocuparse to worry
preparar to prepare
quedarse to stay, to remain

ADJECTIVES

marrón, café brown

nublado cloudy
ocupado(-a) busy
rosado(-a) pink

OTHER WORDS AND EXPRESSIONS

de modo que so
hacer la cama to make the
  bed
limpiar en seco to dry-clean
lo necesario the necessary
  thing(s)
llevar a alguien en el carro(coche) to give
  someone a ride (in the car)
pasar la aspiradora to vacuum
poner la mesa to set the table
por cuestiones de negocios for business
  reasons

GRAMMATICAL STRUCTURE EXERCISE

Rewrite the following sentences using the preterit.

1. Voy al supermercado.

   Ayer ....

2. Ellos alquilan un apartamento.

   El verano pasado ....

3. Cenamos a las diez.

   Anoche ....

4. Los López emplean una criada.

   El año pasado ....

5. ¿Le das el suéter marrón?

   ¿... ayer?

6. Anita se matricula en un curso de verano.

   El año pasado ....

7. Ella prepara la ensalada de lechuga y tomate.

   Esta mañana ....

8. Ella es la presidenta.

   .... en el año 1969.

9. ¿Uds. se quedan en la tintorería hasta tarde?

   ¿... ayer?

10. ¿Compra la criada el ají y la cebolla?

    ¿ .... ayer?

11. ¿Come María un sándwich de jamón y queso?

    Al mediodía, ¿ .... ?

12. ¿Bebes un vaso de jugo de toronja o de piña?

    Esta mañana, ¿ .... ?

13. Yo paso la aspiradora.

    Ayer ....

14. Vamos a México por cuestiones de negocios.

    El invierno pasado ....

15. ¿Comen Uds. pan con mantequilla o con margarina?

    ¿ .... anoche?

QUESTION-ANSWER EXERCISE

Answer each of the following questions with a complete sentence.

1. ¿Alquilaron Uds. un apartamento cerca de la playa el verano pasado?

   ....

   ....

2. ¿Limpia Ud. toda su ropa en seco?

   ....

3. ¿Está nublado el cielo ahora?

   ....

4. ¿Usa Ud. lejía y detergente para lavar la ropa blanca?

   ....

5. ¿Qué frutas de la lista de Anita prefiere Ud.?

   ....

6. ¿Tiene Ud. un refrigerador en su casa?

   ....

7. ¿Cuánto cuesta una docena de huevos?

   ....

8. ¿Prefiere Ud. yogur de durazno, de fresas o de manzana?

....

9. ¿Comió Ud. tocino en el desayuno esta mañana?

....

10. ¿Estás muy ocupado(-a)?

....

11. No tengo carro. ¿Puede llevarme a casa en su coche?

....

12. ¿Tiene Ud. todo lo necesario para preparar una comida mexicana?

....

13. ¿Tomó Ud. una siesta ayer?

....

14. ¿Quién va a hacer la cama? ¿Ud. o la criada?

....

15. ¿Adónde fue Ud. de vacaciones el verano pasado?

....

DIALOGUE COMPLETION

Using your imagination and the vocabulary learned in the lesson, complete the missing lines of this dialogue.

Marta habla con Doña Paula, la criada.

MARTA —..

CRIADA —Sí, señora. Esta mañana planché las camisas del señor.

MARTA —..

CRIADA —Sí, señora. Fui al mercado y compré leche, tomates y lechuga.

MARTA —..

CRIADA —No, señora, no compré huevos.

MARTA —..

CRIADA —Sí, en el refrigerador hay una ensalada de papas y puedo prepararle además un
 sándwich.

MARTA —..

CRIADA —Sí, lavé su vestido y el suéter del señor.

MARTA —..

CRIADA —Sí, señora está muy nublado. Parece que va a llover.

MARTA —..

CRIADA —Muchas gracias, señora.

A PICTURE IS WORTH A THOUSAND WORDS

Complete the following statements to tell what Lola did yesterday according to the pictures.

1. .... a las ....

2. .... la .... en el ....

3. .... al .... y ....

4. .... a .... para ....

5. .... a .... al ....

6. .... la .... de ....

7. .... a la .... a .... en ....

8. Le .... a ....

9. .... una .... para la ....

10. .... con .... en ....

SITUATIONAL EXERCISE

What would you say in the following situations?

1. You have a maid. Ask her if she bought noodles and flour this morning. Ask her also if she ironed your pants.

2. You have a maid. Tell her to take your clothes to the dry cleaners, to go to the supermarket and buy grapes and carrots, to vacuum, make the beds, and set the table for dinner.

3. Tell your spouse (or roommate) that you have just prepared a potato salad for lunch. Ask him/her whether he/she prefers watermelon or pears for dessert.

4. Tell a friend that the sky is cloudy and it seems that it's going to rain. Ask him if he can give you a ride home.

5. Ask a classmate whether he's going to register for a summer course at the university.

6. Your friend wants you to go to the movies with her. Tell her you are sorry, but your are extremely busy today because you invited some friends for dinner.

YOU'RE ON YOUR OWN!

Act out the following situations with a classmate:

1. A clerk at a small market and a customer doing some shopping
2. A man (woman) asking the maid what she did during the day and giving her instructions

CLASS ACTIVITY

The class is divided into three sections: a **verdulería** (vegetable market), a **frutería** (fruit market), and a **lechería** (dairy). Each market will have two salespersons. The rest of the students will be customers who will bring three different shopping lists and shop at each market. The merchandise (use props) should be displayed.

LESSONS 6-10   # VOCABULARY REVIEW

A. Circle the word or phrase that does not belong in each group.

1. aerolínea, bigote, agencia de viajes
2. al lado de, cerca de, más de
3. va a pie, cena, camina
4. bota, zapato, bolsa de mano
5. quedarse, ducharse, bañarse
6. detergente, jabón, flequillo
7. harina, fresas, peras
8. lechuga, lejía, zanahorias
9. manicura, maquillaje, mostrador
10. estoy ocupado, estoy trabajando, no hago nada
11. oreja, billete, pasaje
12. permanente, película, peinado
13. pastilla, patilla, flequillo
14. dos, pan, par
15. peinarse, pelo, piña
16. me dicen, me aprietan, me quedan chicos
17. rosado, blanco, rojo
18. peluquería, salón de belleza, supermercado
19. dormir, secador, siesta
20. toronja, manzana, tocino
21. visa, voz, viaje

B. Circle the appropriate word or phrase that completes each of the following sentences. Then read the sentence aloud.

1. El agente de viajes dice que debo (confirmar, cortar) las reservaciones.
2. Córteme un poco acá arriba y (a los costados, en la aduana).
3. ¡Hola! ¡Por fin llegaron! (¡Buen viaje!, ¡Bienvenidos!)
4. ¿Dónde están (los comprobantes, las grabadoras) para su equipaje?
5. Quiero unos zapatos (de ida, de vestir).
6. Sus documentos están (en la ensalada, en regla).
7. Ellos (emplearon, alquilaron) una criada.
8. Favor de abrocharse (los cinturones, los limpiabotas).
9. Es carísimo. (Cuesta una fortuna, Es una ganga).
10. Voy al supermercado a comprar (fideos, gente).
11. Mañana no. (Tiene exceso de equipaje, Hoy mismo).
12. Quiero beber jugo de (naranja, mesita).
13. Venezuela está en (Latinoamérica, Australia).
14. Quiero beber un vaso de (leche, lejía).
15. No podemos lavarlo. Debemos limpiarlo (en el rizador, en seco).
16. Una permanente lleva (mucho tiempo, mucha azúcar).
17. Favor de abrocharse los cinturones y no (fumar, bailar).
18. Voy a leer una (novela, puerta de salida).
19. Los pasajeros probablemente van a pasar por (la altura, la aduana).
20. Voy a pedir (turno, paquetes) en la peluquería.
21. Tengo que viajar por cuestiones de (negocios, recortes).
22. Le voy a recortar y rizar (la ropa, el pelo).
23. Allí venden ropa para (sandías, damas).
24. Voy a la tienda porque necesito (comprar ropa interior, reservar pasaje).

25. En la aduana le van a revisar (la raya, el equipaje).
26. El sobrecargo sirve la comida (en el avión, en la pensión).
27. El inspector le va a preguntar si tiene algo que (declarar, terminar).
28. Voy a comprar sandalias en la (zapatería, farmacia).
29. No es a la derecha, de modo que es (a la izquierda, a ver).
30. Necesito un champú especial porque tengo (caramba, caspa).
31. Mi cuarto está en el quinto (piso, pie).
32. Supongo que van a pasar una (película, peluquera).
33. Ella se prueba el vestido en el (probador, comedor).
34. Parece que va a llover. Voy a cerrar las ventanillas (por si acaso, a sus órdenes).
35. No se preocupe, señora. Yo puedo preparar los sándwiches si usted me compra el (jabón, jamón).
36. Los paquetes ya no están sobre el (melón de agua, mostrador).
37. Todos los días toma un (taxi, avión) para ir al supermercado.
38. Favor de abrocharse los cinturones. (Me toca a mí, Hay turbulencia).
39. Debemos subir al avión. Ésa fue la última (llamada, vegetariana).
40. El hotel está a unas diez (vidrieras, cuadras) de aquí.

C. **Match the items in column A with those in column B; then read the sentences aloud.**

A	B
1. ¿A cómo está	.... a. cámara fotográfica?
2. ¿Cuánto cuestan	.... b. de un mes?
3. ¿Con cuánta anticipación	.... c. todo?
4. ¿Tienen Uds. una	.... d. verdad eso?
5. ¿Dices que vas a llevar cualquier	.... e. Carlos?
6. ¿Cuánto tiempo	.... f. las sandalias blancas?
7. ¿Vuelven dentro	.... g. en una hora?
8. ¿Qué hacen Uds. después	.... h. primera clase?
9. ¿Quiere un pasaje de	.... i. que hacer cola?
10. ¿Qué vas a leer durante	.... j. no?
11. ¿Le vas a decir que	.... k. escala en Panamá?
12. Dicen que es su hijo. ¿Es	.... l. cosa mientras tanto?
13. ¿Estás	.... m. el viaje?
14. Medias y sandalias. ¿Eso es	.... n. hacer la cama?
15. ¿Van todos excepto	.... o. de cenar?
16. ¿Podemos hacer	.... p. llegar a la Calle Quinta?

17. ¿Tenemos .... q. el cambio?

18. ¿Cuántos minutos hay .... r. segura?

19. ¿Sigo derecho hasta .... s. dura el vuelo?

20. ¿La criada va a .... t. debemos reservar el cuarto?

D. Write these words or phrases in Spanish in the blanks provided. What expression is formed vertically?

1. airport
2. which (*pl.*)?
3. weight
4. to shave
5. both
6. fruit
7. destination
8. shopping: **de** ____
9. comfortable
10. to leave
11. captain
12. he turns
13. from
14. flight
15. box
16. under: ____ **de**
17. behind: ____ **de**
18. side
19 immigration
20. wig
21. necessary
22. shampoo
23. to take away

E. Crucigrama (Lessons 6–10). Use the clues provided below to complete the crossword puzzle.

HORIZONTAL

3. melocotón
5. documento que se necesita para viajar
6. *I set the table:* pongo la ___ .
8. las mujeres lo usan para dormir
10. Me lavo la ___ con champú.
11. *bell pepper,* en español
12. opuesto de «despegar» (un avión)
14. melón de agua
16. asistí
17. La licencia para manejar es un ___ .
19. *to vacuum:* pasar la ___
21. marrón
23. *luckily,* en español
24. El mozo trae la comida en una ___ .
25. pequeña

27. *he sees,* en español
28. ¿Quiere una ___ de café?
29. Se usa mucho. Está de ___ .
30. *ham,* en español
35. Quiero un pasaje de ida y ___ .
36. opuesto de «corto»
37. en México se llama «blanquillo»
38. patata
39. Es baratísimo. Es una ___ .
40. Tiene mareo. Está ___ .
42. talla
43. Me miro en el ___ .
44. Eva le dio una a Adán
45. No tiene importancia. No ___

VERTICAL

1. No quiero margarina. Quiero ___ .
2. Ayer me ___ en un curso de verano.
3. doce
4. *excuse me,* en español
5. Hoy es jueves. ___ mañana es sábado.
7. los hombres van allí para cortarse el pelo
9. persona que viaja en un avión
12. Como no tiene casa, ___ un apartamento.
13. Con el ___ y el azul, se forma el verde.
15. señora
18. Compré un conjunto de pantalón y ___ .
20. pelo
21. *onion,* en español

22. opuesto de «sale»
23. atiende a los pasajeros de un avión
25. Debo ___ los dientes después de las comidas.
26. Me voy a poner una ___ y una blusa.
31. Va a llover. El cielo está ___ .
32. No es soltero. Es ___ .
33. Hacen vino con ___ .
34. *cheese,* en español
36. *they clean,* en español
37. muy bonito
41. ¿Qué ___ es hoy? ¿El 12 de abril?

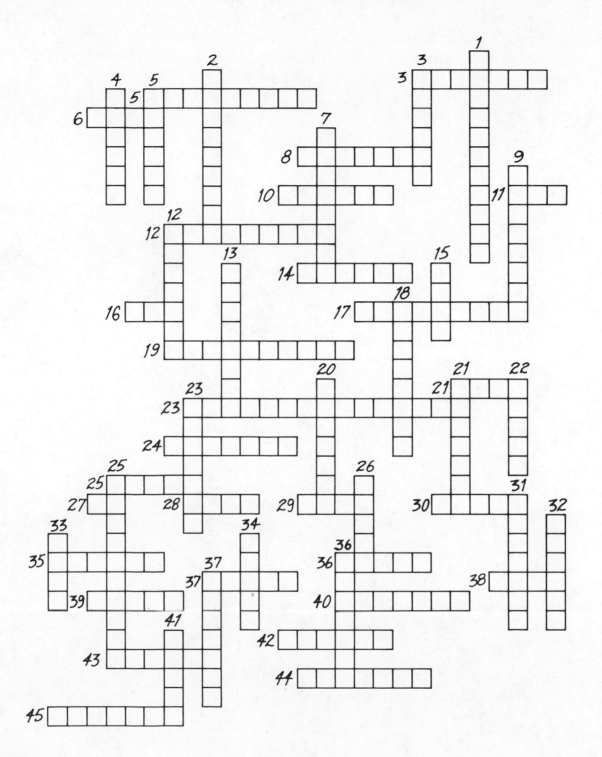

Lesson 11

¿Qué necesitamos?

Hace una semana que Miguel y Jorge están en Madrid. Anoche Jorge no pudo dormir muy bien porque tuvo dolor de garganta y mucha tos. Esta mañana la dueña de la pensión vino a verlo y le trajo un jarabe para la tos y unas pastillas para el dolor de garganta.

MIGUEL —¿Cómo te sientes? ¿Mejor?

JORGE —Sí, las medicinas me hicieron mucho bien.

MIGUEL —¿Quieres ir a la tienda hoy? Tienen una liquidación fantástica en "El Corte Inglés"[1] y quiero comprarme un traje gris.

JORGE —Bueno, porque yo necesito una chaqueta, un par de calcetines, un calzoncillo y una camiseta.

MIGUEL —Bien, voy a vestirme. Tienes que levantarte porque la criada va a cambiar las sábanas y las fundas hoy.

JORGE —¿Por qué no cambia también las almohadas y los colchones? ¡Son muy incómodos!

MIGUEL —¡Ja! Oye, ¿dónde pusiste la crema de afeitar y las navajitas?

JORGE —Yo no las usé. ¿Por qué no compramos un transformador para poder usar la máquina de afeitar eléctrica?

MIGUEL —Bueno. ¿Dónde pusiste la pasta dentífrica?

JORGE —La puse en el bolso de mano.

MIGUEL —¡Oye! Llevamos media hora hablando. Debemos darnos prisa.

En la tienda:

MIGUEL —(*A una empleada*) Perdón, señorita. ¿Dónde está el departamento de artículos para caballeros?

EMPLEADA —Está en el tercer piso. Pueden usar la escalera mecánica. El ascensor no funciona.

MIGUEL —Gracias. (*A Jorge*) Quiero comprarle un regalo a Yolanda.

JORGE —¿Por qué no le compras un disco?

MIGUEL —Buena idea. Ella me dijo que quería discos de Rafael.[2]

JORGE —¡Ah! Yo quería llevar a revelar estos rollos de película.

MIGUEL —Vamos al departamento de fotografías. Yo tengo que comprar películas en blanco y negro y películas en colores.

JORGE —Eres como mi padre. Siempre que íbamos de vacaciones tomaba miles de fotografías.

MIGUEL —¡Cómo exageras! Oye, ¿tienes la lista de las cosas que debemos comprar?

JORGE —Sí, aquí está.

---

[1] Famous department store in Madrid.

[2] Famous Spanish singer.

La lista de Miguel y Jorge:

desodorante	papel de carta
colonia	sobres
piyama	pañuelos
cinturón	cepillo de dientes
papel higiénico	peine
anteojos de sol	bronceador

*   *   *

What Do We Need?

Michael and George have been in Madrid for a week. Last night George wasn't able to sleep very well because he had a sore throat and a bad cough. This morning the owner of the boarding house came to see him and she brought him some cough syrup and pills for the sore throat.

MICHAEL: How are you feeling? Better?

GEORGE: Yes, the medicines did me a lot of good.

MICHAEL: Do you want to go to the store today? They're having a fantastic sale at "El Corte Inglés" and I want to buy myself a grey suit.

GEORGE: Okay, because I need a jacket, a pair of socks, a (pair of) undershorts, and a T-shirt.

MICHAEL: Good, I'm going to get dressed. You have to get up because the maid is going to change the sheets and the pillowcases today.

GEORGE: Why doesn't she also change the pillows and the mattresses? They're very uncomfortable!

MICHAEL: Ha! Listen, where did you put the shaving cream and the razor blades?

GEORGE: I didn't use them. Why don't we buy a transformer so we can use the electric razor?

MICHAEL: Okay. Where did you put the toothpaste?

GEORGE: I put it in the bag.

MICHAEL: Listen! We've been talking for half an hour. We must hurry.

At the store:

MICHAEL: (*To a clerk*) Pardon me, miss. Where is the men's department?

CLERK: It's on the third floor. You can use the escalator. The elevator is out of order.

MICHAEL: Thanks. (*To George*) I want to buy a present for Yolanda.

GEORGE: Why don't you buy her a record?

MICHAEL: Good idea. She said she wanted Raphael's records.

GEORGE: Oh! I wanted to take these rolls of film to have them developed.

MICHAEL: Let's go to the photo department. I have to buy black and white film and color film.

GEORGE: You are like my father. When we used to go on vacation he always used to take thousands of pictures.

MICHAEL: How you exaggerate! Listen, do you have the list of the things we must buy?

GEORGE: Yes, here it is.

STUDY OF COGNATES

1. Same, except for accent mark and final vowel:

   eléctrico(-a)   electric

2. Approximate cognates:

el artículo	article
la colonia	cologne
el departamento	department
el desodorante	deodorant
la fotografía	photography, photograph
¡ja!	ha!
el piyama	pajama
el transformador	transformer

VOCABULARY

NOUNS

la almohada pillow
los anteojos de sol sunglasses
el ascensor, el elevador elevator
el bien good
el bronceador suntan lotion
el caballero gentleman
los calcetines socks
el calzoncillo men's shorts (underwear)
la camiseta T-shirt
el cepillo de dientes toothbrush
el cinturón belt
el colchón mattress
la crema de afeitar shaving cream
el disco record
el dolor pain
el dolor de garganta sore throat
la escalera mecánica escalator
la funda pillowcase
el jarabe syrup
el jarabe para la tos cough syrup
la liquidación, la venta especial sale
la máquina de afeitar razor, shaver
la navajita razor blade
el pañuelo handkerchief

el papel de carta writing paper
el papel higiénico toilet paper
la pasta dentífrica toothpaste
el peine comb
la película film
el rollo de película roll of film
la sábana sheet
el sobre envelope
la tos cough
el traje suit

VERBS

exagerar to exaggerate
revelar to develop
sentir(se) (e:ie) to feel

ADJECTIVES

gris grey
incómodo(-a) uncomfortable

OTHER WORDS AND EXPRESSIONS

blanco y negro black and white (film)
darse prisa to hurry
no funciona out of order

GRAMMATICAL STRUCTURE EXERCISE

A. Rewrite the following sentences using the preterit.

1. Tengo que comprar jarabe para la tos.

....

2. No trae los rollos de película.

....

3. Dice que sí.

....

4. No hacemos nada.

....

5. ¿Te pones el traje gris?

....

6. No puede tomar el elevador.

....

7. ¿Dónde estás?

....

8. Venimos a la liquidación.

....

9. No quiere comprar ese disco.

....

10. Conduce el coche de su padre.

....

B. Rewrite the following sentences using the imperfect.

1. Siempre uso una máquina de afeitar eléctrica.

....

2. ¿De quién es el pañuelo?

....

3. Se siente muy mal.

....

4. Vamos con Roberto.

....

5. Siempre exageras.

....

6. No la veo.

....

7. Siempre nos damos prisa.

....

8. Llevo dos horas esperándote.

....

QUESTION-ANSWER EXERCISE

Answer each of the following questions with a complete sentence.

1. ¿Qué toma Ud. para el dolor de garganta?

....

2. ¿Necesita Ud. pastillas para dormir?

....

3. ¿Es incómodo su colchón?

....

4. ¿Cambia Ud. las sábanas y las fundas una vez por semana?

....

5. Cuando Ud. va a la playa, ¿usa anteojos de sol? (¿bronceador?)

....

....

6. ¿Prefieres tomar fotografías en blanco y negro o en colores?

....

7. ¿Usas crema de afeitar para afeitarte?

....

8. ¿En qué departamento compra Ud. su ropa?

....

9. ¿Qué desodorante usa Ud.?

....

10. ¿Funciona el ascensor? ¿La escalera mecánica?

....

11. Para peinarse, ¿usa Ud. peine o cepillo?

....

12. ¿Cómo se siente?

....

13. ¿Qué pasta dentífrica usa Ud.?

....

14. ¿Toma Ud. muchas fotografías cuando va de vacaciones?

....

15. ¿Usas colonia?

....

DIALOGUE COMPLETION

Using your imagination and the vocabulary learned in this lesson, complete the missing lines of this dialogue.

Hablando con un amigo:

PEDRO —...

JOSÉ —No, ya no tengo dolor de garganta.

PEDRO —...

JOSÉ —Anoche tomé unas pastillas y un jarabe.

PEDRO —...

JOSÉ —Sí, podemos ir a las tiendas. Hoy hay una buena liquidación en "El Encanto" y yo tengo varias cosas que comprar.

PEDRO —...

JOSÉ —Necesito una chaqueta, calcetines, camisetas, una máquina de afeitar eléctrica y pasta dentífrica. ¿Y tú?

PEDRO —...

JOSÉ —¿De qué color vas a comprarte el traje?

PEDRO —...

JOSÉ —Oye, ¿qué regalo vas a comprarle a tu hermana?

PEDRO —...

JOSÉ —Sí, yo también creo que un disco es un buen regalo.

PEDRO —...

JOSÉ —Sí, tienes razón. Debemos darnos prisa.

A PICTURE IS WORTH A THOUSAND WORDS

Answer each of the following questions with a complete sentence according to the pictures.

A. 1. ¿Dónde está Julio?

....

2. ¿Cuánto tiempo está Julio en Buenos Aires?

....

B. 1. ¿Se siente bien Mario?

....

2. ¿Qué tiene?

....

3. ¿Qué le da su mamá?

....

C. 1. ¿Dónde está Rosa?

....

2. ¿Qué va a comprar?

....

3. ¿Puede subir Eva por la escalera mecánica? ¿Por qué?

....

4. ¿Qué puede tomar Eva para ir al tercer piso?

....

5. ¿En qué piso está ahora?

....

D. ¿Qué cosas necesita comprar Juan?

1. .... 6. ....

2. .... 7. ....

3. .... 8. ....

4. .... 9. ....

5. .... 10. ....

E. 1. ¿Qué se prueba José?

....

2. ¿Le queda bien?

....

3. ¿En qué se mira?

....

4. ¿Cuánto cuesta la chaqueta?

....

5. ¿Qué precio tenía antes?

....

6. ¿Está en liquidación la chaqueta?

....

F. 1. ¿Cómo se llama la tienda?

....

2. ¿Venden artículos para damas?

....

3. ¿Qué tiene la tienda hoy?

....

4. ¿En qué departamento está José?

....

5. ¿Cuántos empleados hay en la tienda?

....

SITUATIONAL EXERCISE

What would you say in the following situations?

1. Someone asks you how you're feeling. Tell him you weren't able to sleep well the night before because you had a sore throat. Tell him you're feeling a little better now.
2. Tell your friend they're having a great sale at Sears. Ask him if he wants to go shopping with you.
3. You're in Spain. Tell your friend you want to use your electric shaver, but you don't have a transformer.
4. Complain to the hotel manager! Tell her the maid didn't change the sheets or the pillowcases. Also tell her that the bed is very uncomfortable.
5. Tell your doctor that the pills he gave you for your sore throat did you a lot of good.
6. Tell your child he must hurry because his friend has been waiting for him for half an hour.

YOU'RE ON YOUR OWN!

Act out the following situations with a classmate:

1. Two roommates discussing all sorts of problems
2. Two friends talking about the things they need to buy

CLASS ACTIVITY

Several objects or pictures will be brought to the class. The instructor will pin one object (or picture) on each student's back. The students will walk around the class asking questions to try to find out what object they have. For example:

1. ¿Es ropa?
2. ¿Es algo que usan las mujeres o los hombres?
3. ¿Para qué es?
4. ¿De qué color es?

Lesson 12

¡Qué mala suerte!

Hoy es viernes trece, pero Anita y Daniel no son supersticiosos. Anita va a su clase en la universidad y Daniel tiene una entrevista con un cliente. Vamos a seguir a Anita, que está en la esquina esperando el ómnibus.

ANITA —(*Grita*) ¡Policía! ¡Socorro! ¡Ese hombre me robó la cartera!

SEÑOR —¿Qué pasó, señora? ¿Puedo ayudarla en algo?

ANITA —Aquel hombre que va corriendo es un ladrón. Me quitó la cartera y no pude hacer nada...

SEÑOR —Hay un teléfono público en la esquina si Ud. quiere llamar la policía.

ANITA —¿Sabe Ud. dónde queda la estación de policía?

SEÑOR —Sí, siga derecho hasta llegar al semáforo y entonces doble a la izquierda.

En la estación de policía:

OFICIAL DE GUARDIA —¿En qué puedo servirle, señora?

ANITA —Vengo a denunciar un robo. Acaban de robarme la cartera. Era una cartera roja, de cuero y con las iniciales A. L.

OFICIAL —Cálmese, señora. Tome asiento y dígame lo que pasó.

ANITA —Yo estaba esperando el ómnibus en la Calle Quinta cuando vino un hombre y me quitó la cartera de la mano.

OFICIAL —¿Cómo era? ¿Puede describirlo?

ANITA —Sí, era joven, gordo y pelirrojo.

OFICIAL —¿Cuánto medía, más o menos?

ANITA —Unos cinco pies y seis pulgadas.

OFICIAL —¿Llevaba lentes?

ANITA —Sí, y tenía barba y una cicatriz en la frente. Llevaba un pantalón azul y una camisa blanca.

OFICIAL —Muy bien, señora. Firme aquí.

Mientras tanto, Daniel está hablando con un policía de tránsito.

POLICÍA —Arrime el carro a la acera y pare el motor. Déjeme ver su licencia para conducir.

DANIEL —¿Qué hice? Soy extranjero y no conozco las leyes de tránsito.

POLICÍA —Ud. iba a cincuenta millas por hora. La velocidad máxima en un barrio residencial es de treinta millas por hora.

DANIEL —Yo no sabía que por aquí tenía que manejar tan despacio.

POLICÍA —Ud. iba muy rápido, señor. Además iba zigzagueando y no paró en la señal de parada.

DANIEL —Iba zigzagueando porque casi atropellé un gato negro...

POLICÍA —Lo siento, pero tengo que ponerle una multa... ¡Maneje con cuidado!

Esa noche, Anita y Daniel estaban invitados a una fiesta, pero no quisieron ir.

DANIEL —La fiesta es en casa del director de la compañía. Tú lo conociste el mes pasado. ¿Recuerdas?

ANITA —Sí, pero para un viernes trece ya tuvimos bastante mala suerte. ¡Vamos a quedarnos en casa!

* * *

What Bad Luck!

Today is Friday the thirteenth, but Anita and Daniel are not superstitious. Anita goes to her class at the university and Daniel has an interview with a client. We are going to follow Anita, who is at the corner waiting for the bus.

ANITA: (*She screams*) Police! Help! That man stole my purse!

GENTLEMAN: What happened, madam? May I help you in any way?

ANITA: That man who is running is a thief. He took my purse from me and I wasn't able to do anything (about it). . . .

GENTLEMAN: There is a public phone at the corner, if you want to call the police.

ANITA: Do you know where the police station is located?

GENTLEMAN: Yes, continue straight ahead until you get to the traffic light and then turn to the left.

At the police station:

OFFICER ON DUTY: What can I do for you, madam?

ANITA: I('ve) come to report a robbery. They have just stolen my purse. It was a red purse, (made) of leather, with the initials A. L.

OFFICER: Calm down, madam. Take a seat and tell me what happened.

ANITA: I was waiting for the bus on Fifth Street when a man came and took my purse from my hand.

OFFICER: What was he like? Can you describe him?

ANITA: Yes, he was young, fat, and redheaded.

OFFICER: How tall was he, more or less.

ANITA: About five feet six inches. . . .

OFFICER: Was he wearing glasses?

ANITA: Yes, and he had a beard and a scar on his forehead. He was wearing blue pants and a white shirt.

In the meantime, Daniel is talking with a traffic officer.

OFFICER: Pull over to the curb and stop the motor. Let me see your driver's license.

DANIEL: What did I do? I'm a foreigner and I don't know the traffic laws.

OFFICER: You were going very fast, sir. Besides, your car was weaving and you didn't stop at the stop sign.

DANIEL: It was weaving because I almost ran over a black cat. . . .

OFFICER: I'm sorry, but I have to give you a ticket (fine). . . . Drive carefully!

That night, Anita and Daniel were invited to a party, but they refused to go.

DANIEL: The party is at the house of the director of the company. You met him last month. Remember?

ANITA: Yes, but for a Friday the thirteenth we (have already) had enough bad luck. We are going to stay home!

STUDY OF COGNATES

1. Same, except for accent mark and/or final vowel:

el, la cliente	client
público(-a)	public

2. Approximate cognates:

la inicial	initial
residencial	residential
supersticioso(-a)	superstitious

120

SEÑALES DE TRÁFICO (Traffic Signs)

Narrow Bridge

Yield

Freeway Begins

Stop

One Way

R.R. Crossing (*ferrocarril*)

Dangerous Curve

Don't Litter

Detour

Danger

No Parking

Pedestrian Crossing

VOCABULARY

NOUNS

la acera, la vereda, la banqueta (*Mex.*)
  sidewalk
la barba beard
el barrio neighborhood
la cartera purse
la cicatriz scar
el cuero leather
la entrevista interview
el (la) extranjero(-a) foreigner
la frente forehead
el ladrón thief, burglar
los lentes, los anteojos, los espejuelos, las gafas
  eyeglasses
la ley law
la multa (traffic) fine, ticket
el oficial de guardia officer on duty

el policía de tránsito traffic police officer
la pulgada inch
el robo robbery
el semáforo traffic signal
la señal de parada stop sign
la suerte luck

VERBS

atropellar to run over
calmarse to calm down
denunciar to report (a crime)
describir to describe
gritar to scream
manejar, conducir to drive
parar to stop
robar to steal, to rob

121

ADJECTIVES

gordo(-a) fat
invitado(-a) invited
joven young
pelirrojo(-a) redheaded

OTHER WORDS AND EXPRESSIONS

arrime el carro a la acera pull over to the curb
bastante, suficiente enough
casi almost
¿cómo es? what is he (she, it) like?
¿cuánto mide Ud.? how tall are you? (*lit.* how much do you measure?)

déjeme ver let me see
despacio slow, slowly
ir zigzagueando to weave (car)
las leyes de tránsito traffic laws
llevar puesto to have on
¡maneje con cuidado! drive carefully!
parar (apagar) el motor to stop the motor
poner (dar) una multa to give a ticket
por aquí around here
rápido fast
¡socorro!, ¡auxilio! help!
tan so
la velocidad máxima speed limit

GRAMMATICAL STRUCTURE EXERCISE

You are needed as an interpreter. Write the Spanish translation for each of the following questions and answers.

1. What did the thief do? ....

   He stole my purse. ....

2. What did you have on? ....

   I had on a blue suit. ....

3. Did you know my client? ....

   No, I met him last night. ....

4. What were you doing around here? ....

   I was looking for my dog. ....

5. Did you go to the interview? ....

   No, I wasn't able to go. ....

6. What was she doing at the ....

   police station? ....

   She was talking to the officer ....

   on duty. ....

7. Did you know he lived in that ....

   neighborhood? ....

   No, we found out yesterday. ....

8. What time was it when they ran ....

   over her? ....

It was ten o'clock at night. ....

9. What did the traffic policeman ....

say? ....

He said the speed limit was thirty ....

miles per hour. ....

10. Did you used to go to parties ....

when you were young? ....

Yes, I used to go almost every ....

night. ....

QUESTION-ANSWER EXERCISE

Answer each of the following questions with a complete sentence.

1. ¿Es Ud. supersticioso(-a)?

....

2. ¿Tiene Ud. bastante dinero para comprar un Rolls Royce?

....

3. ¿Tuvo Ud. una entrevista con un profesor hoy?

....

4. ¿Qué grita Ud. cuando está en peligro?

....

5. ¿Viene Ud. corriendo a la clase de español?

....

6. ¿Dónde hay un teléfono público?

....

7. ¿Sabe Ud. dónde queda la estación de policía?

....

8. ¿Cuáles son los colores del semáforo?

....

9. En la estación de policía, ¿con quién habla Ud. si va a denunciar un robo?

....

10. ¿Cuáles son sus iniciales?

....

11. ¿Cómo es su mejor amigo(-a)? ¿Puede describirlo(-a)?

....

12. ¿Cuánto mide Ud.?

....

13. ¿Lleva Ud. lentes?

....

14. ¿Qué llevaba puesto Ud. ayer?

....

15. ¿Tiene Ud. licencia para conducir?

....

16. ¿Es extranjero(-a) su profesor(-a) de español?

....

17. ¿Conoce Ud. las leyes de tránsito de la ciudad donde Ud. vive?

....

18. ¿Iba Ud. a cien millas por hora en la autopista? ¿Le pusieron una multa?

....

19. ¿Sabía Ud. que tenía que manejar despacio cerca de la escuela?

....

20. ¿Qué debes hacer cuando llegas a la señal de parada?

....

DIALOGUE COMPLETION

Using your imagination and the vocabulary learned in this lesson, complete the missing lines of these dialogues.

A. *En la estación de policía:*

OFICIAL   —..

JOSÉ   —Me robaron la maleta.

OFICIAL —...

JOSÉ —Yo estaba a la salida del aeropuerto esperando un taxi y un hombre se llevó mi maleta.

OFICIAL —...

JOSÉ —La maleta era negra. Era una maleta pequeña.

OFICIAL —...

JOSÉ —Sí, cómo no. El hombre era alto y muy delgado.

OFICIAL —...

JOSÉ —No, no usaba lentes, pero tenía barba y una cicatriz en la frente.

OFICIAL —...

JOSÉ —Llevaba puestos pantalones negros y una camisa verde.

OFICIAL —...

B. Con el policía de tránsito:

POLICÍA —...

SEÑORA —Aquí tiene mi licencia. Pero, ¿qué hice?

POLICÍA —...

SEÑORA —Yo no vi el semáforo.

POLICÍA —...

SEÑORA —No, yo no iba a cincuenta millas por hora. Yo iba más despacio.

POLICÍA —...

SEÑORA —Yo no sabía que por aquí tenía que manejar a 25 millas por hora.

POLICÍA —...

SEÑORA —Yo no vi ningún perro.

POLICÍA —...

SEÑORA — ¡Qué mala suerte!

A PICTURE IS WORTH A THOUSAND WORDS

Answer the following questions about the pictures on page 126.

A. 1. ¿Por qué tiene miedo Juan?

....

2. ¿Es supersticioso?

....

126

B. 1. ¿Cuál es la velocidad máxima?

....

2. ¿A qué velocidad iba el carro?

....

3. ¿Iba zigzagueando?

....

4. ¿Qué cree Ud. que va a hacer el policía? ¿Por qué?

....

C. 1. ¿En qué calle estaba Eva?

....

2. ¿Qué estaba haciendo allí?

....

3. ¿Qué hora era?

....

4. ¿Qué pasó?

....

5. ¿Qué gritó Eva?

....

6. ¿Qué iniciales tenía la cartera?

....

7. ¿Cómo era el ladrón?

....

8. ¿Iba corriendo o caminando el ladrón?

....

D. 1. ¿Dónde paró el coche?

....

2. ¿Atropelló al perro?

....

3. ¿Por qué debe manejar con cuidado la persona que va en el carro?

    ....

E. 1. ¿Adónde estaba invitada Lola?

    ....

   2. ¿Fue a la fiesta?

    ....

   3. ¿Qué hizo?

    ....

   4. ¿Qué está haciendo ahora?

    ....

F. 1. ¿Conocía Ana al director?

    ....

   2. ¿Cuándo lo conoció?

    ....

   3. ¿Qué le dijo Ana al director?

    ....

   4. ¿Qué le dijo el director a Ana?

    ....

DO YOU REMEMBER THE TRAFFIC SIGNS?

Match the items in column A with those in column B.

A	B
1. Alto	.... a. One way
2. Desvío	.... b. Don't litter
3. Curva peligrosa	.... c. Yield
4. Puente angosto	.... d. Stop
5. Peligro	.... e. Pedestrian crossing
6. Una vía	.... f. No parking at any time
7. No tire basura	.... g. R.R. crossing
8. Ceda el paso	.... h. Detour

9. Comienza la autopista .... i. Narrow bridge

10. Cruce de peatones .... j. Dangerous curve

11. F.C. (ferrocarril) .... k. Freeway begins

12. Prohibido estacionar .... l. Danger

SITUATIONAL EXERCISE

What would you say in the following situations?

1. You are a police officer. Tell someone to pull over to the curb and stop the motor. Tell him you want to see his driver's license.

2. You were robbed. Tell a police officer that the man who stole your leather suitcase had a beard and a moustache, and a scar on his forehead. Tell him he was wearing grey pants and a red shirt. Tell him also he was about 6 feet, 2 inches tall and was very fat.

3. Someone is very nervous. Tell him to calm down and tell you what happened. Tell him also that there is a public phone in the store if he wants to call the police.

4. Your friend is very superstitious. Tell her it is not bad luck to see a black cat.

5. You are a police officer. Tell a driver that the speed limit in a residential zone (neighborhood) is 25 miles per hour. Tell her also that she must study the traffic laws.

6. You are reporting a reckless driver. Tell the police officer he was redheaded, and he was driving so fast that he almost ran over you.

YOU'RE ON YOUR OWN!

Act out the following situations with a classmate:

1. A person who was robbed, telling a police officer what happened

2. A police officer talking to someone he stopped for speeding

CLASS ACTIVITY

Two students stand on two different "street corners," where they are robbed by two different thieves (if possible, one male and one female). The students both scream for help. Two people come to their aid and give them directions on how to get to the police station, where the students report the robbery (they talk to different police officers). The other class members act as witnesses and help describe the two thieves.

READING FOR CONTENT

¡Vamos a leer el diario!

NOTICIAS POLICIALES°

Noticias policiales Police news

Violación°

La señora Olga García fue violada° en su domicilio por un desconocido° que la amenazó° con un cuchillo. La policía sospecha° que es el mismo° hombre que violó a otras mujeres en ese barrio el mes pasado.

Violación Rape

violada raped
desconocido stranger / **amenazó** (he) threatened
sospecha (it) suspects / **mismo** same

Homicidio

Anoche el chofer de la famosa actriz Lola Alvarado la encontró muerta° en el garaje de su casa. La policía arrestó al ex-esposo de la actriz, acusándolo de homicidio. Un vecino declaró que lo vio salir de la casa a la hora del crimen.

muerto(-a) dead

Incendio° premeditado

Incendio Fire

La policía detuvo anoche al dueño del restaurante "La Terraza," acusándolo de prenderle fuego° a su negocio intencionalmente para cobrar° el seguro.° El fuego destruyó el restaurante totalmente. Dos bomberos° sufrieron quemaduras.°

prender fuego to set fire
cobrar to collect / seguro insurance
bomberos firemen / quemaduras burns

After reading the police news answer the following questions.

1. ¿Dónde encontraron muerta a la actriz Lola Alvarado? ¿Quién la encontró?

   ....

   ....

2. ¿A quién arrestó la policía?

   ....

3. ¿De qué acusó la policía al ex-esposo de la actriz?

   ....

   ....

4. ¿Qué declaró un vecino?

   ....

5. ¿Qué le pasó a la señora Olga García?

   ....

6. ¿Con qué la amenazó el desconocido?

   ....

7. ¿Qué sospecha la policía?

   ....

8. ¿A quién acusó la policía del incendio del restaurante "La Terraza"?

   ....

9. ¿Por qué le prendió fuego a su negocio?

   ....

10. ¿Quiénes sufrieron quemaduras en el incendio?

   ....

Lesson 13

Al volante

Hoy es sábado. Daniel y Anita no durmieron bien anoche, pensando en todos los problemas del día anterior. La criada les sirvió el desayuno en la terraza. Después de desayunar, deciden ir de picnic y luego a ver un partido de fútbol, porque a los dos les gustan mucho los deportes.

DANIEL —Tengo que ir a una estación de servicio para comprar gasolina. El tanque está casi vacío.

ANITA —También nos hace falta aceite. A la vuelta de la esquina hay una gasolinera. Voy contigo.

En la estación de servicio:

DANIEL —Llene el tanque, por favor. Y déme aceite también.

EMPLEADO —Muy bien, señor. ¿Qué marca de aceite quiere?

DANIEL —STP. ¡Ah! Necesito un limpiaparabrisas nuevo. Éste no sirve. ¿Puede limpiar el parabrisas y ponerle agua al radiador, por favor?

EMPLEADO —Sí, cómo no.

Daniel paga y se prepara para irse, pero el carro no arranca.

DANIEL —(*Llama al empleado*) ¡Señor! ¡El motor no arranca! ¿Hay un mecánico aquí?

EMPLEADO —No, señor. ¿Es usted socio del club automovilístico? Ellos tienen una grúa para remolcar el carro.

DANIEL —Sí, voy a llamarlos ahora mismo. (*A Anita*) ¡Pagamos ocho mil dólares por este carro y ahora se descompone!

En el taller de mecánica:

MECÁNICO —(*Levanta el capó*) Bueno, usted necesita una batería nueva, señor.

DANIEL —¿Eso era todo?

MECÁNICO —No, también tiene una goma pinchada... y el carburador está muy sucio.

DANIEL —¡Qué lío! ¡Ah! ¿Por qué no revisa los frenos, por favor? No funcionan muy bien.

MECÁNICO —(*Después de revisar los frenos*) Sí, va a tener que dejar el carro aquí, señor. Voy a tener que arreglar los frenos.

DANIEL —¿Cuándo va a estar listo?

MECÁNICO —Voy a tratar de tenerlo listo para el lunes, si no necesitamos algunas piezas de repuesto.

DANIEL —Bueno, voy a sacar unos mapas del portaguantes y unas cosas del maletero y se lo dejo. ¡Ah! Me hace falta un gato...

MECÁNICO —Nosotros no vendemos gatos, señor.

ANITA —¡Daniel! ¿No pasamos por un parque muy bonito cuando veníamos para acá? ¡Podemos almorzar allí!

DANIEL —Buena idea, porque me duele el estómago. ¡Me estoy muriendo de hambre!

Daniel y Anita empiezan a caminar hacia el parque cuando ven que un carro choca con una motocicleta. Corren a ver qué pasó. Hay un muchacho joven en el pavimento. Le sangra mucho la cabeza.

DANIEL —(*Grita*) ¡Hubo un accidente! ¡Llamen una ambulancia!

ANITA   —Aquí viene un policía de tránsito. (*Al policía*) El hombre que manejaba el carro tuvo la
          culpa. Se pasó la luz roja. Yo anoté el número de la chapa.

POLICÍA   —¿Uds. fueron testigos de lo que sucedió? No se vayan, por favor. Necesito hacerles
          algunas preguntas.

*   *   *

At the Wheel

*Today is Saturday. Daniel and Anita didn't sleep well last night, thinking about all the problems of the previous
day. The maid served them breakfast on the terrace. After having breakfast, they decide to go on a picnic and then
to see a football game in the afternoon because they like sports very much.*

DANIEL: I have to go to a service station to buy gasoline. The tank is almost empty.
ANITA: We also need oil. There is a service station around the corner. I'm going with you.

At the service station:

DANIEL: Fill the tank, please. And give me (some) oil, too.
ATTENDANT: Very well, sir. What brand oil do you want?
DANIEL: STP. Oh! I need a windshield wiper. This one is no good. Can you clean the windshield and put
             water in the radiator, please?
ATTENDANT: Yes, sure.

Daniel pays and gets ready to leave, but the car won't start.

DANIEL: (*He calls the attendant*) Sir! The motor won't start! Is there a mechanic here?
ATTENDANT: No, sir. Are you a member of the auto club? They have a tow truck to tow the car.
DANIEL: Yes, I'm going to call them right now. (*To Anita*) We paid eight thousand dollars for this car, and
             now it breaks down!

At the repair shop:

MECHANIC: (*He raises the hood*) Well, you need a new battery, sir.
DANIEL: That was all?
MECHANIC: No, you also have a flat tire and the carburator is very dirty.
DANIEL: What a mess! Oh! Why don't you check the brakes, please? They don't work very well.
MECHANIC: (*After checking the brakes*) Yes, you're going to have to leave the car here, sir. I'm going to have to
            fix the brakes.
DANIEL: When is it going to be ready?
MECHANIC: I'm going to try to have it ready by Monday, if we don't need some extra parts.
DANIEL: Well, I'm going to take some maps out of the glove compartment and a few things from the trunk and
            I'll leave it to you. Oh, I need a jack. . . .
MECHANIC: We don't sell jacks, sir.
ANITA: Daniel! Didn't we go by a very beautiful park on our way here? We can have lunch there!
DANIEL: Good idea, because my stomach hurts. I'm starving to death!

*Daniel and Anita start walking towards the park when they see a car colliding with a motorcycle. They run to see
what happened. There is a young boy on the pavement. His head is bleeding a lot.*

DANIEL: (*He shouts*) There's been (there was) an accident! Call an ambulance!
ANITA: Here comes a police officer. (*To the officer*) The man who was driving the car was to blame. He went
           through a red light. I wrote down the license number.
OFFICER: You saw (were witnesses of) what happened? Don't go away, please. I need to ask you some questions.

STUDY OF COGNATES

1. Exact cognates:
   el picnic   picnic

2. Same, except for final vowel:
   el accidente   accident
   el mapa   map

3. Spanish -cia and English -ce:

　　la ambulancia　　ambulance

4. Approximate cognates:

　　la batería　　battery
　　el carburador　　carburator
　　el fútbol　　football
　　la gasolina　　gasoline
　　el mecánico　　mechanic
　　el parque　　park
　　el radiador　　radiator

VOCABULARY

NOUNS

el aceite oil
el capó hood
el club automovilístico auto club
la chapa, la placa license plate
el deporte sport
la estación de servicio, la gasolinera service
　station
el freno brake
el gato jack
la goma tire
la grúa, el remolcador tow truck
el limpiaparabrisas windshield wiper
la luz light
el maletero trunk (of a car)
la marca brand
el motor engine, motor
el parabrisas windshield
el partido game, match
el pavimento pavement
el portaguantes glove compartment
el (la) socio(-a), el miembro member
el taller de mecánica repair shop
el tanque tank
el testigo witness
el volante steering wheel

VERBS

anotar to write down
arrancar to start (a motor)

arreglar to fix
descomponerse to break down (car)
funcionar to work, to function
levantar to raise
llenar to fill
prepararse to get ready
remolcar to tow
sangrar to bleed
suceder to happen

ADJECTIVES

listo(-a) ready
sucio(-a) dirty
vacío(-a) empty

OTHER WORDS AND EXPRESSIONS

a la vuelta de la esquina around the corner
ahora mismo right now
el día anterior the previous day
la goma pinchada the flat tire
hacer una pregunta to ask a question
hacia toward
hubo un accidente there was an accident
no funciona it doesn't work
no sirve it's no good
para acá towards here, on the way here
pieza de repuesto extra part
¡qué lío! what a mess!
tener la culpa to be at fault

GRAMMATICAL STRUCTURE EXERCISE

You are needed as an interpreter. Write the Spanish translation for each of the following expressions.

1. The mechanic said I needed ....

　　a new battery. ....

He lied to you, sir. ....

2. Did they get the tires ....

    and the jack? ....

    No, they didn't get them. ....

3. What do you need? ....

    We need a tow truck to ....

    tow the car. ....

4. Did you have the key? ....

    No, I had to go in through ....

    the window. ....

5. Was there an accident? ....

    Yes, three people died. ....

6. Do you want to go to the ....

    football game with me? ....

    I can't. My feet hurt ....

    and I don't like sports ....

    very much. ....

7. Who is this windshield ....

    wiper for? ....

    It's for me. ....

8. How much did you pay for ....

    the extra parts? ....

    Eighty dollars. ....

QUESTION-ANSWER EXERCISE

Answer each of the following questions with a complete sentence.

1. ¿Durmió usted bien anoche?

    ....

2. ¿Le hace falta aceite a su carro?

    ....

3. ¿Hay una gasolinera a la vuelta de la esquina?

....

4. ¿Qué marca de aceite prefiere usted?

....

5. ¿Qué usa usted para limpiar el parabrisas de su coche?

....

6. ¿Sabe usted el número de la chapa de su carro?

....

7. ¿Es usted socio(-a) de algún club automovilístico?

....

8. ¿Cuánto pagó usted por su carro?

....

9. Cuando su carro se descompone, ¿lo arregla usted?

....

10. ¿Tiene usted un gato en el maletero?

....

11. ¿Funcionan bien los frenos de su carro?

....

12. ¿Tiene usted mapas en el portaguantes?

....

13. ¿Cuánto tiempo necesita usted para prepararse para salir?

....

14. ¿A qué hora está listo el desayuno en su casa?

....

15. ¿Se pasó usted la luz roja?

....

DIALOGUE COMPLETION

Using your imagination and the vocabulary learned in this lesson, complete the missing lines of these dialogues.

A. En la estación de gasolina:

EMPLEADO —¿En qué puedo servirle, señora?

SEÑORA —..

EMPLEADO —¿Lleno el tanque?

SEÑORA —..

EMPLEADO —¿Qué marca de aceite quiere?

SEÑORA —..

EMPLEADO —Sí, necesita otro limpiaparabrisas.

SEÑORA —..

EMPLEADO —No señora. No le hace falta agua al radiador.

SEÑORA —..

EMPLEADO —¿No arranca? Lo siento, señora, pero el mecánico está de vacaciones. Hay un taller de mecánica a la vuelta de la esquina.

SEÑORA —..

EMPLEADO —Una grúa puede remolcar el carro hasta allá.

B. En el taller de mecánica:

SEÑORA —Mi carro no arranca. ¿Cuál es el problema?

MECÁNICO —..

SEÑORA —¡Pero la batería es nueva!

MECÁNICO —..

SEÑORA —¡Qué lío! ¿También tiene el carburador sucio? No es posible...

MECÁNICO —..

SEÑORA —¿Puede revisar los frenos, por favor? No funcionan muy bien.

MECÁNICO —..

SEÑORA —¿Cuándo va a estar listo el coche?

MECÁNICO —..

....

A PICTURE IS WORTH A THOUSAND WORDS

Answer the following questions about the pictures on page 138.

A. 1. ¿Cómo durmió Julio anoche?

....

2. ¿En qué estaba pensando?

....

3. ¿Por qué cree usted que Julio estaba pensando en comida?

....

B. 1. ¿Dónde sirvió la criada el almuerzo?

....

2. ¿Qué hora era?

....

C. 1. ¿Le gustan a Mario los deportes?

....

2. ¿Qué le gusta hacer a Mario?

....

D. 1. ¿Adónde va Ana?

....

2. ¿Para qué va Ana a la gasolinera?

....

3. ¿Cuánto cuesta la gasolina?

....

4. ¿Tiene algún otro problema el carro de Ana?

....

E. 1. ¿Quién está al volante?

....

2. ¿Cuánto pagó Eva por el carro?

....

3. ¿Qué hizo el mecánico?

....

4. ¿Qué piensa el mecánico que el carro necesita?

....

F. 1. ¿Qué pasó?

....

2. Describa el accidente.

....

....

3. ¿Qué va a hacer Juan?

....

4. ¿Qué va a hacer Lola?

....

5. ¿Qué son Juan y Lola?

....

SITUATIONAL EXERCISE

What would you say in the following situations?

1. You are a mechanic. Tell your customer to raise the hood. Tell him the carburator is very dirty.
2. Tell the mechanic the car won't start. Ask him if he can fix it.
3. You are a police officer. Tell someone not to go away because you want to ask her some questions.
4. Ask the maid to serve breakfast on the terrace. Tell her you want bacon and eggs, bread, and orange juice.
5. You're talking to a paramedic. Tell him your friend's head is bleeding. Tell him he's on the pavement, and that a car ran into him.
6. You are a police officer. Ask a witness whether she wrote down the number of the license plate of the car that was going toward the park.
7. Ask your friend what happened. Tell him he must call the auto club right away.
8. There has been an accident. Ask a witness whose fault it was.
9. Tell the doctor you weren't able to sleep yesterday because you were thinking about all the problems of the previous day.
10. Tell someone your car has a flat tire. Ask him if he has a jack.

YOU'RE ON YOUR OWN!

Act out the following situations with a classmate:

1. A gas station attendant waiting on a customer
2. A mechanic talking to a customer who has all kinds of problems with his/her car

CLASS ACTIVITY

1. Set up two service stations and two repair shops in the classroom. There should be two or three people working in each place. The rest of the class will play the roles of customers. Each customer should go to both the service station and the repair shop.

2. Stage an accident. Give the details (speed limit, where the accident took place, vehicles involved, traffic signs, traffic lights, etc.) The members of the class are the witnesses, and will try to decide whose fault it was and why it happened.

Lesson 14

En la sala de emergencia

Marta se cayó en la escalera de la estación del subterráneo y una amiga la llevó al hospital. Hacía diez minutos que estaban en la sala de espera cuando vino la enfermera para llevarla al consultorio.

ENFERMERA —Señorita, la doctora Peña va a verla ahora. Quítese la ropa y póngase esta bata.

Con la doctora:

DOCTORA —¿Qué pasó, señorita? ¿Cómo se lastimó?

MARTA —Me caí en la escalera. Me golpeé la cabeza y me corté la frente.

DOCTORA —¿Perdió Ud. el conocimiento?

MARTA —Por unos minutos.

DOCTORA —Bueno, voy a lavar y desinfectar la herida. Tengo que darle tres puntos. ¿Cuánto tiempo hace que le pusieron una inyección antitetánica?

MARTA —Hace cinco meses.

DOCTORA —Entonces no necesita otra.

La doctora le pone los puntos y le pone una curita.

MARTA —¡Ay! Me duele mucho el tobillo. Creo que me lo torcí o me lo rompí.

DOCTORA —Vamos a hacerle una radiografía para ver si hay fractura. La enfermera la va a llevar a la sala de rayos X (equis)

Después de ver las radiografías:

DOCTORA —Malas noticias, señorita. Ud. se fracturó el tobillo. Vamos a tener que enyesárselo.

MARTA —¿Voy a tener que usar muletas para caminar?

DOCTORA —Sí, señorita. Por unas dos semanas.

MARTA —¡Ay! ¡Qué mala suerte! Yo estoy de vacaciones aquí.

DOCTORA —¿Cuánto tiempo hace que llegó?

MARTA —Hace dos semanas que llegué.

DOCTORA —Bueno, Ud. debe volver dentro de una semana para quitarle los puntos. Pídale un turno a la recepcionista.

MARTA —Muy bien, doctora.

Con la recepcionista:

MARTA —Señorita, necesito un turno para la próxima semana.

RECEPCIONISTA —Muy bien, señorita, ¿cuál es su dirección y su número de teléfono, por favor?

MARTA —Estoy en el Hotel Florida, pero no recuerdo el número del teléfono.

RECEPCIONISTA —¿Tiene Ud. seguro médico?

MARTA —No, señorita. Estoy aquí de vacaciones.

*   *   *

In the Emergency Room

Martha fell down the stairs at the subway station and a friend took her to the hospital. They had been in the waiting room for ten minutes when a nurse came to take her to the doctor's office.

NURSE: Miss, doctor Peña will see you now. Take off your clothes and put on this gown.

With the doctor:

DOCTOR: What happened, miss? How did you get hurt?
MARTHA: I fell down the stairs. I hit my head and cut my forehead.
DOCTOR: Were you unconscious?
MARTHA: For a few minutes.
DOCTOR: Okay, I'm going to wash and disinfect the wound. I have to give you three stitches. How long has it been since they gave you a tetanus shot?
MARTHA: Five months.
DOCTOR: Then you're not going to need another one.

The doctor gives her the stitches and puts a bandaid on.

MARTHA: Ouch! My ankle hurts a lot. I think I either twisted it or broke it.
DOCTOR: We're going to take an X-ray to see if there is a fracture. The nurse will take you to the X-ray room.

After seeing the X-rays:

DOCTOR: Bad news, miss. You fractured your ankle. We're going to have to put it in a cast.
MARTHA: Am I going to have to use crutches to walk?
DOCTOR: Yes, miss. For about two weeks.
MARTHA: Oh! What bad luck! I'm here on vacation.
DOCTOR: How long ago did you arrive?
MARTHA: I arrived two weeks ago.
DOCTOR: Well, you must come back in a week to have your stitches removed. Ask the receptionist to give you an appointment.
MARTHA: Very well, doctor.

With the receptionist:

MARTHA: Miss, I want an appointment for next week.
RECEPTIONIST: Very well, miss. What is your address and your phone number, please?
MARTHA: I'm at the Hotel Florida but I don't remember the phone number.
RECEPTIONIST: Do you have medical insurance?
MARTHA: No, miss. I'm here on vacation.

STUDY OF COGNATES

Approximate cognates:

la fractura	fracture
el, la recepcionista	receptionist
el tétano	tetanus

VOCABULARY

NOUNS

la bata gown, robe
el consultorio doctor's office
la curita bandaid

la herida wound
la inyección shot
la inyección antitetánica tetanus shot

142

las **muletas**   crutches
la **radiografía**   X-ray
la **sala**   room
la **sala de emergencia**   emergency room
la **sala de espera**   waiting room
la **sala de rayos X**   X-ray room
el **seguro médico**   medical insurance
el **subterráneo, el metro**   subway
el **tobillo**   ankle

VERBS

caerse   to fall down
desinfectar   to disinfect

enyesar   to put in a cast
fracturarse   to fracture
golpear(se)   to hit (oneself)
lastimarse   to get hurt
quitar(se)   to take off
romper   to break
torcer (o:ue) (yo tuerzo)   to twist

OTHER WORDS AND EXPRESSIONS
¡ay!   ouch!
hacer una radiografía   to take an X-ray
perder el conocimiento   to be unconscious
poner (dar) puntos   to give stitches

EL CUERPO HUMANO (The Human Body)

GRAMMATICAL STRUCTURE EXERCISE

You are needed as an interpreter. Write the Spanish translation for each of the following expressions.

1. How long ago did you fracture
   your ankle?

   Two weeks ago.

143

2. What is your social security

   number?

   528-62-9062

   ....

   ....

   ....

3. How long had you been waiting

   in the waiting room?

   I had been waiting for two hours!

   ....

   ....

   ....

4. Why do I have to take my clothes

   off?

   Because we're going to take an X-ray.

   ....

   ....

   ....

5. Ouch! My teeth hurt.

   I told you you had to go to the

   dentist.

   ....

   ....

   ....

QUESTION-ANSWER EXERCISE

Answer each of the following questions with a complete sentence.

1. ¿En qué calle está el consultorio de su médico?

   ....

2. Me corté el dedo. ¿Tienes una curita?

   ....

3. ¿Cuánto tiempo hace que le pusieron una inyección antitetánica?

   ....

4. ¿Tiene Ud. seguro médico?

   ....

5. Me van a enyesar la pierna. ¿Voy a necesitar muletas para caminar?

   ....

6. ¿Qué haces cuando te duele la cabeza?

   ....

7. ¿Cuánto tiempo hacía que Uds. esperaban cuando llegó el profesor (la profesora)?

   ....

8. ¿Qué usa Ud. para desinfectar una herida?

....

9. Me torcí el tobillo. ¿Me lo tiene que enyesar?

....

10. ¿Hay un subterráneo en la ciudad donde Ud. vive?

....

11. ¿Dónde hacen las radiografías?

....

12. ¿Cuánto tiempo hace que Uds. llegaron a la clase?

....

....

DIALOGUE COMPLETION

Using your imagination and the vocabulary learned in this lesson, complete the missing lines of this dialogue.

Con el doctor en la sala de emergencia:

DOCTOR　—¿Qué le pasó, señor?

PEDRO　—..

DOCTOR　—¿Cómo se lastimó la pierna?

PEDRO　—..

DOCTOR　—¿Le duele mucho?

PEDRO　—..

DOCTOR　—Vamos a hacerle unas radiografías.

Después de ver las radiografías:

DOCTOR　—Ud. tiene una fractura en la pierna. Tengo que enyesársela.

PEDRO　—..

DOCTOR　—Sí, señor, va a tener que usar muletas para caminar.

PEDRO　—..

DOCTOR　—Tiene que usarlas por unas cuatro semanas.

REMEMBER THESE PARTS OF THE BODY?

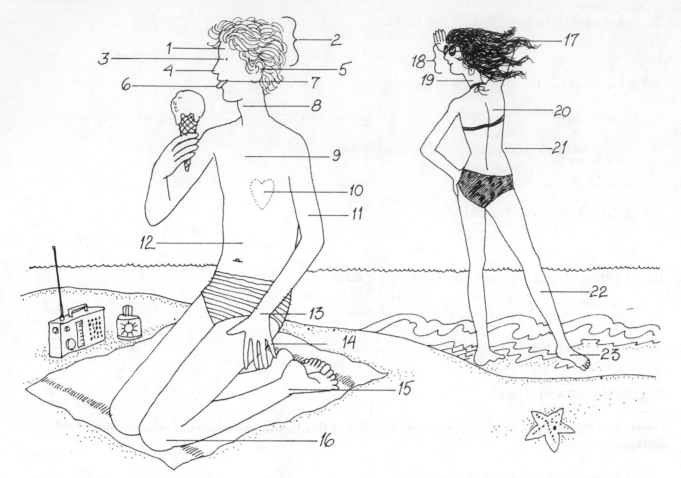

Write the name beside the corresponding number for the parts of the body shown in the picture.

1. ....
2. ....
3. ....
4. ....
5. ....
6. ....
7. ....
8. ....

9. ....
10. ....
11. ....
12. ....
13. ....
14. ....
15. ....
16. ....

17. ....
18. ....
19. ....
20. ....
21. ....
22. ....
23. ....

A PICTURE IS WORTH A THOUSAND WORDS

Answer the following questions about the pictures on page 147.

A. 1. ¿Dónde está Luis?

....

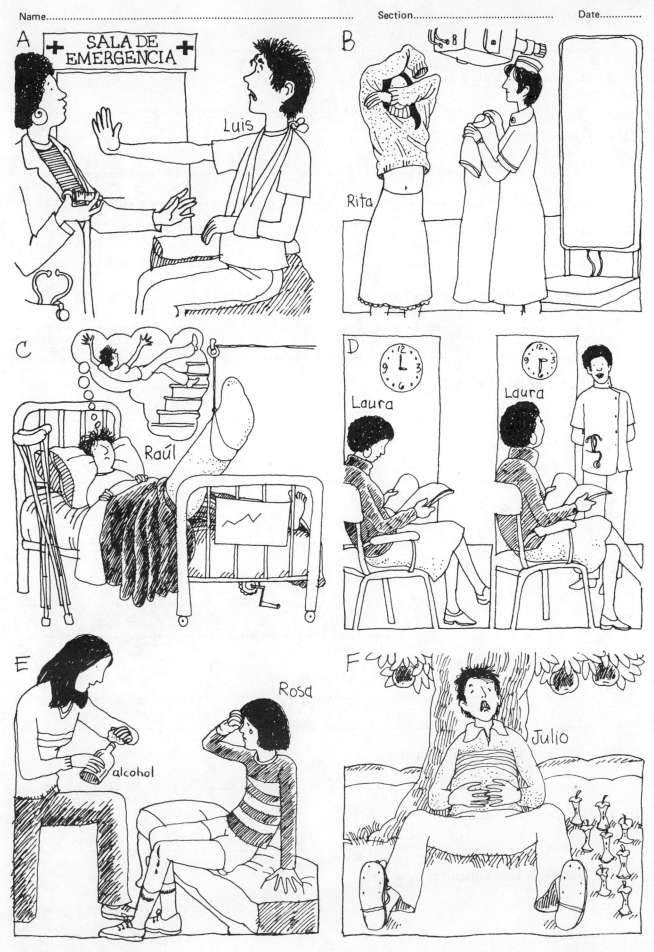

2. ¿Qué le pasó a Luis?

    ....

3. ¿Le sangra la frente a Luis?

    ....

4. ¿Qué va a hacer la enfermera?

    ....

    ....

B. 1. ¿Dónde está Rita?

    ....

2. ¿Qué hace Rita?

    ....

    ....

3. ¿Qué le da la enfermera?

    ....

4. ¿Qué le van a hacer a Rita?

    ....

C. 1. ¿Dónde está Raúl?

    ....

2. ¿Qué le pasó a Raúl?

    ....

    ....

3. ¿Qué le hicieron a Raúl?

    ....

    ....

4. ¿Qué tiene Raúl al lado de la cama?

    ....

D. 1. ¿Dónde estaba Laura?

    ....

2. ¿Qué hacía Laura mientras esperaba?

    ....

3. ¿Cuánto tiempo hacía que Laura esperaba cuando llegó el doctor?

....

E. 1. ¿Qué se lastimó Rosa?

....

2. ¿Le duele mucho la rodilla?

....

3. ¿Con qué le va a desinfectar la herida la mamá?

....

F. 1. ¿Qué le duele a Julio?

....

2. ¿Qué hizo Julio?

....

SITUATIONAL EXERCISE

What would you say in the following situations?

1. You're the doctor. Tell your patient he has a fracture. Tell him you're going to have to put his leg in a cast.
2. You're the doctor. Tell your patient to ask the receptionist for an appointment for next week.
3. You're a patient. Tell your doctor you fell down and hit your arm. Tell her you think you broke your wrist because it hurts a lot.
4. You're the doctor. Ask your patient if he was unconscious, and for how long. Tell him you're going to take some X-rays.
5. You're the doctor. Tell your patient you're going to give him seven stitches on his chin. Ask him how long ago he had a tetanus shot.

YOU'RE ON YOUR OWN!

Act out the following situations with a classmate:

1. A doctor and a patient who has a cut on his finger
2. A doctor and a patient who broke her leg

CLASS ACTIVITY

Transform the classroom into a hospital emergency room. Put up different signs for the waiting room, the examening room, etc. There will be at least six doctors and two receptionists on duty. The rest of the students will be the patients. Some will have broken arms, legs, etc., and some will have cuts and different aches and pains. Two or three students could play the roles of children who are taken to the emergency room by a parent. (Remember to use the *tú* form of the verb when addressing a child.) The receptionists will get data from the patients and will make appointments for them.

Lesson 15

Viajando por tren

Jorge y Miguel han decidido viajar por el sur de España pues desean conocer Andalucía.

En la estación de trenes:

JORGE — ¿Es éste el despacho de boletos?

EMPLEADO —Sí, señor. ¿En qué puedo servirle?

JORGE — ¿Cuándo hay trenes para Sevilla?

EMPLEADO —Hay dos trenes diarios: uno por la mañana y uno por la noche. El tren de la noche es expreso.

JORGE —(*A Miguel*) ¿Sacamos pasaje para el rápido?

MIGUEL —Sí, pero entonces necesitamos literas.

JORGE —(*Al empleado*) ¿Lleva el tren coche cama?

EMPLEADO —Sí, señor. Lleva coche cama y coche comedor.

JORGE —Queremos dos literas, una alta y una baja.

EMPLEADO — ¿Quieren el pasaje de ida o de ida y vuelta? El pasaje de ida y vuelta tiene una tarifa especial. Le damos un veinte por ciento de descuento.

MIGUEL — ¿Por cuánto tiempo vale el boleto de ida y vuelta?

EMPLEADO —Por seis meses, señor.

MIGUEL —Bueno, déme dos pasajes de ida y vuelta para el sábado. ¿Puede darme un itinerario?

EMPLEADO —Sí, un momentito. Aquí tiene los boletos y el vuelto.

JORGE — ¡Ah! No tenemos que trasbordar, ¿verdad?

EMPLEADO —No, señor.

El día del viaje:

MIGUEL — ¿De qué andén sale el tren?

JORGE —Del andén número cuatro, pero no hay apuro porque el empleado me ha dicho que el tren tiene una hora de atraso.

MIGUEL —Bueno, entonces tengo tiempo para comprar una tarjeta postal para Yolanda.

JORGE —Pero, ¿no le habías escrito ya?

MIGUEL —Sí, pero quiero mandarle una tarjeta del Museo del Prado.

Después de un largo viaje, Jorge y Miguel han llegado a Sevilla.

MIGUEL — ¡Uf! Nunca había pasado una noche tan mala. No dormí nada.

JORGE —Pues yo he dormido muy bien. Oye, tienes que tener cuidado con tu maleta, porque tiene la cerradura rota.

MIGUEL —Ya lo sé. Voy a comprar una nueva aquí.

JORGE —Buena idea porque ésta es viejísima. Bueno. Si queremos alquilar un coche, debemos darnos prisa.

Alquilando el coche:

MIGUEL —Queremos alquilar un coche.

EMPLEADO — ¿Quiere un coche grande o un modelo compacto?

MIGUEL	—Compacto, de dos puertas. ¿Cobran Uds. por las millas?
EMPLEADO	—Depende. Si lo alquila por día, sí; si lo alquila por semana, es sin millaje. ¿Desea un coche automático o un coche mecánico?
MIGUEL	—Preferimos un coche automático.
JORGE	—¿Aceptan Uds. tarjetas de crédito?
EMPLEADO	—No, señor, tiene que pagar en efectivo. ¿Va a sacar seguro?
JORGE	—Sí, es mejor estar asegurado.
EMPLEADO	—Bueno, llene esta planilla, por favor.
JORGE	—Señor, nosotros somos ciudadanos chilenos. ¿Necesitamos un permiso especial para manejar aquí en España?
EMPLEADO	—No, señor. Su licencia para manejar es suficiente.

La tarjeta que Miguel le envía a Yolanda:

Querida Yolanda:
Ayer fuimos al Museo del Prado. ¡Nunca había visto tantos cuadros° de pintores° famosos!

España es un país° maravilloso.° Tiene paisajes° hermosísimos. Vimos las montañas° de la Sierra de Guadarrama y mañana veremos el río° Guadalquivir.

Te voy a escribir desde Sevilla.
Como siempre,°
Miguel

Srta. Yolanda Peña
Ave. Italia 4235
Montevideo,
Uruguay

cuadros paintings   **pintores** painters

país country

maravilloso wonderful
paisajes landscapes

montañas mountains

río river

Como siempre As always

* * *

Traveling by Train

George and Michael have decided to travel in the south of Spain because they want to see (know) Andalucia.

At the train station:

GEORGE:	Is this the ticket office?
CLERK:	Yes, sir. May I help you?
GEORGE:	When are there trains to Seville?
CLERK:	There are two daily trains: one in the morning and one in the evening. The evening train is an express train.
GEORGE:	(*To Michael*) Shall we buy tickets for the express train?
MICHAEL:	Yes, but then we'll need berths.

GEORGE: (*To clerk*) Does the train have a sleeper?

CLERK: Yes, sir. It has a sleeper and a dining car.

GEORGE: We want two berths, an upper (berth) and a lower (berth).

CLERK: Do you want one-way or round-trip tickets? The round-trip ticket has a special rate. We give you a twenty-percent discount.

MICHAEL: How long is the round-trip ticket good for?

CLERK: For six months, sir.

MICHAEL: Okay, give me two round-trip tickets for Saturday. Can you give me a train schedule?

CLERK: Yes, just a moment. Here are your tickets and the change.

GEORGE: Oh! We don't have to transfer, right?

CLERK: No, sir.

On the day of the trip:

MICHAEL: What platform does the train leave from?

GEORGE: From platform number four, but there's no hurry because the clerk has told me that the train is one hour behind.

MICHAEL: Okay, then I have time to buy a post card for Yolanda.

GEORGE: But hadn't you written to her already?

MICHAEL: Yes, but I want to send her a card of the Museo del Prado.

After a long trip, George and Michael have arrived in Seville.

MICHAEL: Uf! I had never spent a such a bad night! I didn't sleep at all.

GEORGE: Well, I have slept very well. Listen, you have to be careful with your luggage because the lock is broken.

MICHAEL: I know, I am going to buy a new one here.

GEORGE: Good idea because this one is extremely old! Okay. If we're going to rent a car, we must hurry.

Renting a car:

MICHAEL: We want to rent a car.

CLERK: Do you want a big car or a compact model?

MICHAEL: A two-door compact. Do you charge for mileage?

CLERK: It depends. If you rent it by the day, we do; if you rent it by the week, it's without mileage. Do you want an automatic or a standard shift?

MICHAEL: We prefer an automatic.

GEORGE: Do you accept credit cards?

CLERK: No, sir. You have to pay cash. Are you going to take out insurance?

GEORGE: Yes, it's better to be insured.

CLERK: Okay, fill out this form, please.

GEORGE: Sir, we are Chilean citizens. Do we need a special permit to drive here in Spain?

CLERK: No, sir. Your driver's license is sufficient.

STUDY OF COGNATES

1. Same, except for a final vowel and/or a single consonant:

automático(-a)	automatic
compacto(-a)	compact
expreso	express
suficiente	sufficient

2. Approximate cognates:

el millaje	mileage

VOCABULARY

NOUNS

el andén (railway) platform
la cerradura lock
el (la) ciudadano(-a) citizen
el coche cama sleeper car (Pullman)
el coche comedor dining car
el descuento discount
el despacho de boletos ticket office
España Spain
la estación de trenes railroad station
el itinerario, el horario schedule, timetable
la litera berth
la litera alta upper berth
la litera baja lower berth
el permiso permit
la planilla form
el rápido express (train)
el sur south
la tarifa rate
el tren train
el vuelto change

VERBS

depender (de) to depend (on)

mandar to send
trasbordar to change (trains, buses, etc.)

ADJECTIVES

asegurado(-a) insured
diario(-a) daily
mecánico, de cambio standard shift
viejo(-a) old

OTHER WORDS AND EXPRESSIONS

en efectivo cash
no dormí nada I didn't sleep at all
no hay apuro there's no hurry
por ciento percent
¿por cuánto tiempo vale...? how long is it
  good (valid) for?
pues well, for, because
sacar seguro to take out insurance
tan... such a . . .
tener cuidado to be careful
tener... de atraso to be . . . behind (schedule)
¿verdad? right?
ya lo sé I know

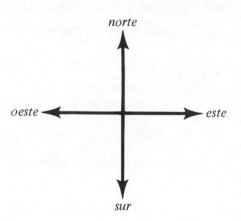

GRAMMATICAL STRUCTURE EXERCISES

A. **Reply to each of the following commands according to the models.**

Models: —Cierre la puerta, por favor.
      —Ya la **he cerrado.**

      —Cierren la puerta, por favor.
      —Ya la **hemos cerrado.**

1. —Arregle la cerradura, por favor.

   —..

2. —Manden las planillas, por favor.

   —..

3. —Abra la ventana, por favor.

—...

4. —Sirvan el café, por favor.

—...

5. —Dígale su número de teléfono, por favor.

—...

6. —Alquilen un coche automático, por favor.

—...

B. **Reply to each of the following questions according to the model.**

Model: —¿No sacaron Uds. el seguro?
—Ya lo **habíamos sacado**.

1. —¿No anotaste el millaje?

—...

2. —¿No limpiaron ellos el coche comedor?

—...

3. —¿No escribió Rodolfo la tarjeta?

—...

4. —¿No te di yo el dinero?

—...

5. —¿No recibieron el itinerario?

—...

C. **Reply to each of the following questions according to the model.**

Model: —¿Tú cerraste la puerta?
—No, ya **estaba cerrada**.

1. —¿Tú abriste las ventanas?

—...

2. —¿Tú hiciste las camas?

—...

3. —¿Tú firmaste el permiso?

....

4. —¿Tú cubriste el coche?

—...

5. —¿Tú rompiste el vaso?

—...

QUESTION-ANSWER EXERCISE

Answer each of the following questions with a complete sentence.

1. ¿Ha viajado Ud. por el sur de España?

....

2. ¿Qué país desea Ud. conocer?

....

3. ¿Has visto cuadros de pintores famosos? ¿Cuál prefieres tú?

....

....

4. Cuando Ud. viaja en tren, ¿prefiere una litera alta o una litera baja?

....

5. ¿Paga Ud. siempre en efectivo o usa tarjetas de crédito?

....

6. ¿Cuál es el río más largo de los Estados Unidos?

....

7. ¿Vive Ud. en el norte, en el sur, en el este o en el oeste de los Estados Unidos?

....

8. ¿Es Ud. ciudadano de los Estados Unidos?

....

9. ¿Está asegurado su coche?

....

10. ¿Son diarias las clases de español?

....

11. ¿Es su coche automático o de cambio?

....

12. Con el problema de la gasolina, ¿es mejor tener un coche grande o un coche compacto?

....

13. Si la cuenta es por setenta y cinco dólares y yo le doy cien dólares, ¿cuánto me da de vuelto?

....

14. Compré una maleta que costaba cuarenta dólares. Me hicieron el cinco por ciento de descuento.
    ¿Cuánto pagué?

....

15. ¿Prefieres ir de vacaciones a la playa o a la montaña?

....

16. ¿Tienes un coche viejo o nuevo?

....

17. ¿Había tomado Ud. ya una clase de español antes?

....

18. ¿Tienen los pasajes de ida y vuelta tarifas especiales?

....

19. Si Ud. viaja de Nueva York a Boston, ¿necesita viajar en coche cama?

....

20. Cuando Ud. se va de vacaciones, ¿les envía tarjetas postales a sus amigos?

....

DIALOGUE COMPLETION

Using your imagination and the vocabulary learned in this lesson, complete the missing lines of these dialogues.

A. *En la estación de trenes:*

EMPLEADO —...

SEÑORA —Necesito viajar a Madrid, ¿a qué hora hay trenes?

EMPLEADO —...

SEÑORA —¿Cuál de ellos es el tren rápido?

EMPLEADO —...

SEÑORA —Muy bien, deseo un pasaje para el tren rápido.

EMPLEADO —...

SEÑORA   —Sí, por favor. Déme una litera baja.

EMPLEADO —...

SEÑORA   —¿Por cuánto tiempo vale el pasaje de ida y vuelta?

EMPLEADO —...

SEÑORA   —Pues entonces, déme uno de ida solamente.

EMPLEADO —...

SEÑORA   —¿Puedo pagar con tarjeta de crédito?

EMPLEADO —...

SEÑORA   —Muy bien. Son cincuenta pesos, ¿verdad? Aquí tiene Ud. cien.

EMPLEADO —...

SEÑORA   —¿De qué andén sale el tren para Madrid?

EMPLEADO —...

SEÑORA   —No necesito trasbordar, ¿verdad?

EMPLEADO —...

SEÑORA   —Muchas gracias.

B. *Alquilando un coche:*

ROSA   —...

EMPLEADO —¿Va a alquilarlo por día o por semana?

ROSA   —...

EMPLEADO —Depende. Si lo alquila por día cobramos millaje.

ROSA   —...

EMPLEADO —Muy bien. ¿Quiere un coche grande o un coche compacto?

ROSA   —...

EMPLEADO —Lo siento, señora. No tenemos coches grandes de dos puertas, sólo de cuatro
          puertas.

ROSA   —...

EMPLEADO —¿Desea un coche automático o mecánico?

ROSA   —...

EMPLEADO —Muy bien. Llene esta planilla, por favor.

A PICTURE IS WORTH A THOUSAND WORDS

A. 1. ¿De qué andén sale el tren?

....

2. ¿En qué coche está María?

....

3. ¿Cree Ud. que tiene litera?

....

4. ¿Viaja María hacia el norte de los Estados Unidos?

....

B. 1. ¿Dónde están Rosa, Juan y Hugo?

....

2. ¿Hacen cola?

....

3. ¿Adónde va Rosa?   ¿En qué país está Lima?

....

4. ¿Cuándo hay trenes para Lima?

....

5. ¿Va a comprar Juan un pasaje de ida?

....

6. ¿Qué descuento van a hacerle a Juan?

....

7. ¿En qué tren quiere viajar Hugo?

....

C. 1. ¿Cuántas horas de atraso tiene el tren de París?

....

2. ¿Para dónde va a viajar Sara?

....

3. ¿Qué le va a mandar Sara a Juan Mena?

....

159

D. 1. ¿Dónde están Marta y José?

    ....

    2. ¿Qué quieren hacer ellos?

    ....

    3. Describa el coche que quiere alquilar José.

    ....

    4. Describa el coche que quiere alquilar Marta.

    ....

    5. ¿Cómo quiere pagar Marta?

    ....

    6. ¿Cómo va a pagar José?

    ....

SITUATIONAL EXERCISE

What would you say in the following situations?

1. You work at the ticket office. Tell a traveler that, if he purchases a round-trip ticket, he can get a ten-percent discount. Tell him also that the express train leaves at 10:15 P.M.
2. You go to a car rental agency. Tell the employee you want a two-door compact model. Ask him if they charge for mileage. Ask him also if you need a special permit to drive in Spain.
3. You are buying train tickets. Ask the clerk if the train has a sleeper and a dining car.
4. You take your child to the doctor's. Tell the doctor that the child didn't sleep at all and had a stomachache.
5. Your friend tells you that the train leaves at 2 P.M. Tell her you know, and that there's no hurry because it's only 12:30 P.M.
6. Tell your friend he must be careful when he leaves the house at night to go to work because there are many thieves in that neighborhood.
7. You have just returned from a trip to Brazil. Tell your friends that it has beautiful landscapes and that Rio de Janeiro is a wonderful city.
8. You went camping. Tell your friends you had never spent such a bad night. Tell them also you have a backache.

YOU'RE ON YOUR OWN!

Act out the following situations with a classmate:

1. A clerk at a ticket office and a traveler
2. A clerk at a car rental agency and a customer

161

CLASS ACTIVITY

1. Half of the classroom is turned into a train station (put up signs with platform numbers, train schedules, etc.). Set up four or five ticket windows, with one student working at each window. The other half of the classroom will be turned into two or three car rental agencies, with one or two students working at each agency.

    The rest of the students will play the roles of travelers buying train tickets and renting cars (each student will do both). Some of the students should be in pairs and discuss arrangements between themselves, besides talking to the clerk at the ticket window or car rental agency.

2. All students will bring a post card of their choice to class and will write a message on it to send to a friend or relative. They should write about the place they are visiting and about the things they are doing there. Cards should be turned in.

READING FOR CONTENT

¡Vamos a leer el diario!

SECCIÓN DE DEPORTES°	deportes sports

Tenis

La campeona° brasileña Marisa Ríos venció° a su rival, la chilena Marta Vega. La campeona brasileña ganó todos los *sets* del partido° de tenis

campeón(-a) champion / venció defeated

partido game

Boxeo

José López, el campeón peruano de los pesos ligeros° venció al cubano Pedro García en un combate a diez asaltos.° Aunque° la pelea° no terminó por nocout,° la decisión de los jueces° fue unánime.

pesos ligeros lightweights

asaltos rounds / aunque even though

pelea fight / nocout knock out

jueces judges

Fútbol°

Los equipos° de Argentina y Paraguay empataron° a dos goles el juego° de ayer en Montevideo.

Fútbol Soccer

equipo team / empataron (they) tied

juego game

Natación°

En las competencias de natación° que tuvieron lugar° ayer en la piscina olímpica del Club Náutico resultó ganadora° la señorita Ada Rivas de Chile. En segundo lugar quedó la representante de España.

Natación Swimming

competencia de natación swim meet / tuvieron lugar (they) took place / ganadora winner

Estado del tiempo

Pronóstico° para hoy:
Cielos parcialmente nublados,° posibilidades de algunas lluvias y temperaturas alrededor de° los 36°.

pronóstico forecast

nublado cloudy

alrededor de about

Para mañana:
Fuertes aguaceros° por la mañana. Por la tarde claro y soleado.° Posible descenso de las temperaturas.

fuertes aguaceros heavy showers

claro y soleado sunny and clear

After reading the sports section, answer each of the following questions with a complete sentence.

1. ¿Qué países estaban representados en el partido de tenis?

2. ¿Quién ganó el partido?

....

3. ¿De qué es campeona Marisa Ríos?

....

4. ¿De dónde es José López?

....

5. ¿Ganó José López por nocout?

....

6. ¿Cuántos asaltos duró la pelea de boxeo?

....

7. ¿Qué país ganó el juego de fútbol?

....

8. ¿En qué ciudad tuvo lugar el juego?

....

9. ¿Cómo terminó el partido?

....

10. ¿Qué tuvo lugar ayer en la piscina del Club Náutico?

....

11. ¿Quién ganó la competencia?

....

12. ¿En qué lugar quedó España?

....

13. Según el pronóstico del tiempo para hoy, ¿va a hacer frío?

....

14. ¿Va a hacer mucho calor mañana?

....

15. ¿Es una buena idea ir mañana por la mañana a la playa? ¿Por qué?

   ....

16. ¿Qué tiempo vamos a tener mañana por la tarde?

   ....

VOCABULARY REVIEW

A. Circle the word or phrase that does not belong in each group.

1. cerca, a la vuelta de la esquina, a diez millas de aquí
2. más tarde, ahora mismo, después
3. abrigo, calzoncillo, camiseta
4. zapatos, camisón, bata
5. calcetines, sombrero, medias
6. día anterior, ayer, mañana
7. espejuelos, anteojos, vasos
8. dinero, en efectivo, tarjeta de crédito
9. torcerse, fracturarse, romperse
10. gasolinera, taller de mecánica, estación de servicio
11. playa, venta especial, liquidación
12. lentes, anteojos, parabrisas
13. bañarse, golpearse, lastimarse
14. cama, litera, mesa
15. usa, llena, lleva puesto
16. manejar, enviar, conducir
17. mecánico, automático, de cambio
18. policía, oficial de guardia, enfermera
19. piyama, pañuelo, camisón
20. peine, cepillo de dientes, pasta dentífrica
21. rubio, pelirrojo, gordo
22. calle, pavimento, rodilla
23. maletero, portaguantes, carburador
24. grúa, recepcionista, remolcar
25. vestido, sábana, frazada
26. luz roja, prohibido estacionar, señal de parada
27. socio, miembro, invitado
28. sucede, para, pasa
29. tobillo, dedo del pie, nariz
30. acera, tren, andén

B. Circle the appropriate word or phrase that completes each sentence. Then read the sentence aloud.

1. Voy a comprarme unos anteojos de (bien, sol).
2. Arrime el carro a la acera y (pare, atropelle) el motor.
3. Leí un (cuadro, artículo) en el diario.
4. El motor no (arregla, arranca).
5. ¡Ay! Me duelen los (pies, zapatos).
6. No hay problema. El coche está (cansado, asegurado).
7. Tiene (barba, barrio) y bigote.
8. Tomé unas (fotografías, fundas) en blanco y negro y otras en colores.
9. Tiene una cicatriz en el (cuello, capó).
10. La maleta es de (cuero, papel).
11. Pregúntele si el tren lleva coche-cama y coche-(cocina, comedor).
12. No quiero un coche grande. Prefiero un modelo (compacto, caro).
13. Es uno de nuestros (amigos, clientes). Siempre viene a comprar aquí.
14. Cinco pies, once pulgadas es (casi, más de) seis pies.
15. Se bañó, se vistió y se puso (colonia, crema de afeitar) en el pelo.
16. ¿Cuánto (es, mide) usted? ¿Seis pies?
17. (¡Cálmese!, ¡Báñese!) Su hijo está bien.
18. ¡Tenemos que darnos prisa! Es muy (tarde, temprano).

19. Vengo a denunciar un (robo, viaje).
20. Compró un traje en el departamento de ropa para (damas, caballeros).
21. Déjeme ver... Uds. pueden recibir un (domicilio, descuento) del quince por ciento.
22. No sé si puedo ir o no. Eso depende (de, en) mis padres.
23. Voy a comprar los boletos en el (baño, despacho) de boletos.
24. Hay dos trenes diarios para Lima. Salen (todos los días, dos veces por semana).
25. No puedo usar mi máquina de afeitar eléctrica en España porque no tengo (transformador, elevador).
26. Le van a (enyesar, vender) la pierna porque se la rompió.
27. Tengo una entrevista con un (cliente, perro) muy importante.
28. Voy a subir por la (escalera, puerta) mecánica.
29. No voy al aeropuerto. Voy a la (tienda, estación) de trenes.
30. Un coche (grande, pequeño) no usa mucha gasolina.
31. Ella (gritó, bailó) cuando vio el choque.
32. Necesito (preguntarle, hacerle) unas preguntas.
33. El policía de tránsito me dio una multa porque iba (zigzagueando, manejando).
34. Tiene mucha tos. Voy a darle (jarabe, jabón) para la tos.
35. El ladrón entró por la (playa, ventana).
36. ¿Quieres una (sábana, litera) alta o baja?
37. No te puedo (llevar, tomar) en mi coche.
38. Si te sientes (mal, bien), ¿por qué no tomas tu medicina?
39. Maneje con (muletas, cuidado), señor.
40. Pasé una noche muy mala. No (comí, dormí) nada.
41. No tenemos que darnos prisa. (Hay, No hay) apuro.
42. Voy a pedir (turno, tiempo) para mañana, pues no me siento muy bien.
43. Ese pintor tiene unos (paisajes, pasajes) maravillosos.
44. Quítese la (ropa, barbilla), por favor.
45. El mecánico dice que el radiador está (sucio, enfermo).

C. **Match the items in column A with those in column B. Then read the sentence aloud.**

A	B
1. ¿Vas a comprar un rollo	.... a. de emergencia?
2. ¿Este es un barrio	.... b. tanque, por favor?
3. Hoy es viernes 13. ¿No eres	.... c. tiene el tren de Madrid?
4. ¿Le sangra mucho	.... d. cansado?
5. ¿Lo llevaste a la sala	.... e. está vacío?
6. ¿Tiene usted seguro	.... f. lo que sucedió?
7. ¿Vas a sacar	.... g. contra el tétano?
8. ¿Puede llenar el	.... h. tener cuidado?
9. ¿Es usted testigo de	.... i. supersticioso?

10. ¿Me va a poner una inyección   .... j.   especial?

11. ¿Por qué estás tan   .... k.   de velocidad?

12. ¿Cuántos minutos de atraso   .... l.   la cabeza?

13. ¿Por qué dices que debo   .... m.   vuelto?

14. ¿Tienen una tarifa   .... n.   médico?

15. ¿Cuál es el límite   .... o.   A. C. J.?

16. ¿Por cuánto tiempo   .... p.   de película?

17. ¿El tanque   .... q.   seguro?

18. ¿No te dio el   .... r.   de tránsito?

19. ¿Tus iniciales son   .... s.   vale el pasaje?

20. ¿Conoce usted las leyes   .... t.   residencial?

21. ¿Perdió usted   .... u.   para manejar aquí?

22. ¿Necesitamos permiso   .... v.   el brazo?

23. ¿Firmó usted   .... w.   espalda?

24. ¿Te lastimaste   .... x.   la planilla?

25. ¿Le duele la   .... y.   el conocimiento?

D. Write these words or phrases in Spanish in the blanks provided. What expression is formed vertically?

1. to raise $-$ $-----$

2. ready $--$ $---$

3. mountain $---$ $---$

4. mileage $----$ $--$

5. mechanic $--$ $-----$

6. pill $-----$ $-$

7. license plate $--$ $---$

8. I know: **ya lo** ___ . $-$

9. to get ready $--$ $-----$

10. hand $---$ $-$

11. public $------$ $-$

12. luck $-----$

13. toilet paper: **papel** ___ $--$ $----$

14. film $-----$ $--$

15. subway $--------$

16. game $---$ $---$

17. this way: **para** ___ $--$

18. stomach $----$ $---$

19. tongue $----$ $-$

20. face $---$

21. chest $----$ $-$

22. steering wheel $-$ $-----$

168

E. Crucigrama (Lessons 11–15). Use the clues provided below to complete the crossword puzzle.

HORIZONTAL

1. Ir a la tienda y llevar algo sin pagar es ____ .
3. Es su cumpleaños. Le voy a comprar un ____ .
6. *forehead,* en español
7. señor
11. Si no tengo ____ se me caen los pantalones.
13. Si mi coche se descompone, llamo al club ____ .
14. Cuando envío una carta, escribo el nombre y la dirección en el ____ .
16. *enough,* en español
17. Va en dirección al parque. Va ____ el parque.
19. remolcador
20. Nueva Orleans está en el ____ de los Estados Unidos.
21. *he exaggerates,* en español
22. ¿Qué ____ usa para el coche? ¿STP?
25. Nueva York está en el ____ de los Estados Unidos.

26. ____ la herida con alcohol.
28. Voy a poner la funda en la ____ .
33. *deodorant,* en español
35. oficina del doctor
36. Esperamos en la ____ de espera.
38. el color de un cielo nublado
40. California está en el ____ de los Estados Unidos.
42. El fútbol es un ____ .
44. Iba muy rápido y el policía me puso una ____ .
45. opuesto de cómoda
48. Tengo una goma pinchada. Necesito un ____ .
50. Me van a poner una ____ antitetánica.
51. auxilio
52. *engine,* en español
53. *razor blade,* en español

VERTICAL

2. El Mississippi es un ____ muy largo.
3. Van a llevarla a la sala de rayos X para hacerle una ____ .
4. *throat,* en español
5. No puedo parar el carro. El ____ no funciona.
6. *it works,* en español
8. *battery,* en español
9. Voy a la ____ de trenes para tomar el tren.
10. horario
11. *mattress,* en español
12. bolsa
15. Madrid es la capital de ____ .
16. *suntan lotion,* en español
18. Canadá está al ____ de los Estados Unidos.
21. ascensor
22. escribe
23. de otro país

24. Me peino con el ____ .
27. Hubo un accidente. Llame una ____ .
28. gafas
29. No es de cambio. Es ____ .
30. dice cómo es
31. *lock,* en español
32. ¿Se cortó el dedo? Póngase una ____ .
33. *record,* en español
34. opuesto de «rápido»
37. Se rompió la pierna. Tiene una ____ .
39. *traffic light,* en español
41. envían
43. tren rápido
46. opuesto de «viejo»
47. *brand,* en español
49. *map,* en español

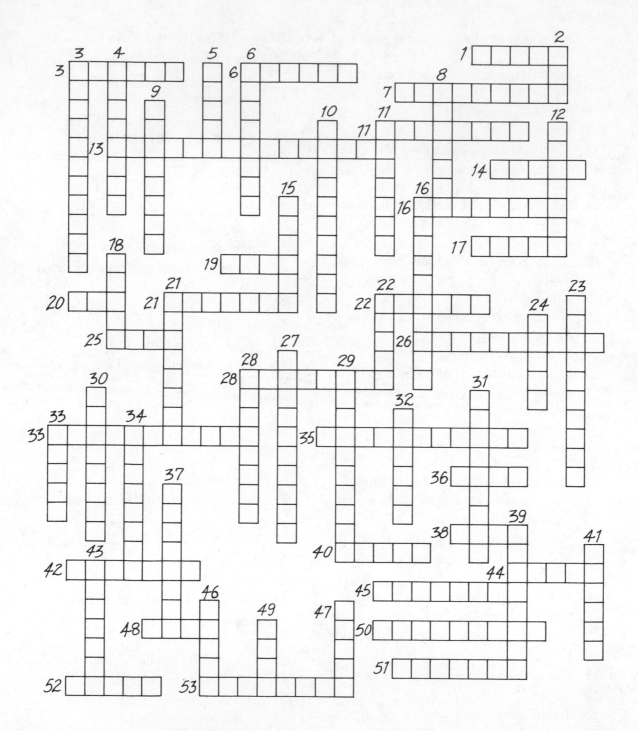

Lesson 16

Una mañana con Daniel y Anita

Daniel le dijo a Anita que sería una buena idea abrir una cuenta de ahorros. Ella estuvo de acuerdo y decidió ir al banco esa misma mañana.

En el banco:

EMPLEADO —¿En qué puedo servirle, señora?

ANITA —Quiero cobrar este cheque.

EMPLEADO —Tiene que endosarlo, señora.

ANITA —Muy bien. Quiero depositar doscientos dólares en mi cuenta corriente. Déme el resto en efectivo. También necesito un nuevo talonario de cheques.

EMPLEADO —Sí, señora. ¿Quiere el mismo estilo de cheques?

ANITA —Sí, por favor.

EMPLEADO —Bien, ahora le daremos un talonario provisional y le mandaremos el otro por correo.

ANITA —Muy bien. ¡Ah! Mi esposo y yo queremos abrir una cuenta de ahorros.

EMPLEADO —¿A plazo fijo o sin límite de tiempo? Pagamos un interés más alto si es a plazo fijo.

ANITA —No queremos una cuenta a plazo fijo porque pronto regresaremos a nuestro país.

EMPLEADO —Muy bien, señora. Aquí tiene estas tarjetas. Ud. y su esposo deben llenarlas y firmarlas, y después devolverlas lo antes posible.

ANITA —Está bien. Se lo diré a mi esposo.

EMPLEADO —Si ustedes mantienen un saldo de mil dólares, podrán usar una caja de seguridad sin pagar nada.

ANITA —Lo tendremos en cuenta. Dígame, ¿con quién debo hablar para sacar un préstamo?

EMPLEADO —Para eso debe ir a la Sección de Préstamos, señora.

ANITA —Muchas gracias. *(Piensa)* Debo darme prisa. Todavía tengo que ir a recoger la billetera y el encendedor para Daniel.

Mientras Anita estaba en el banco, Daniel estaba en una joyería, comprándole un regalo para el Día de los Enamorados.

En la joyería:

DANIEL —Buenos días. Me gustaría ver ese collar que está en la vidriera.

JOYERO —¡Cómo no! También tenemos unos aretes que hacen juego con el collar.

DANIEL —¿Cuánto cuestan?

JOYERO —El juego cuesta dos mil quinientos dólares. Es de oro y diamantes.

DANIEL —Es magnífico, pero yo no tengo tanto dinero para gastar en joyas...

JOYERO —Bueno... tenemos también unas pulseras de plata muy bonitas.

DANIEL —No... estoy seguro de que ella preferiría un anillo o un reloj... ¿Podría enseñarme aquéllos?

JOYERO —Sí, señor. Aquí los tiene.

DANIEL —*(Ve un collar de perlas en la vidriera)* ¡Espere! ¿Cuánto cuesta aquel collar de perlas?

JOYERO —A ver... Son perlas de cultivo, pero de muy buena calidad. Este collar cuesta ciento cincuenta dólares.

DANIEL —Me lo llevo. Es muy elegante. ¿Puede envolverlo para regalo, por favor?
JOYERO —Sí, cómo no.

Daniel está muy contento con su compra. Pasa por la florería y encarga un ramo de rosas rojas.

DANIEL —(*Piensa*) Esta tarde compraré una caja de bombones y tendré todos los regalos para
        Anita... Me gustaría saber lo que ella me va a regalar a mí...

*   *   *

One Morning with Daniel and Anita

Daniel told Anita that it would be a good idea to open a savings account. She agreed, and decided to go to the bank that same morning.

At the bank:

EMPLOYEE: Can I help you, madam?
ANITA: I want to cash this check.
EMPLOYEE: You have to endorse it, madam.
ANITA: Very well. I want to deposit two hundred dollars in my checking account. Give me the rest in cash. I also need a new checkbook.
EMPLOYEE: Yes, madam. Do you want the same style of checks?
ANITA: Yes, please.
EMPLOYEE: Fine, now we will give you a temporary checkbook and we will send the other one by mail.
ANITA: Very well. Oh! My husband and I want to open a savings account.
EMPLOYEE: For a specified time (a time certificate) or without a time limit? We pay a higher interest if it is for a specified time.
ANITA: We don't want a time certificate because we will soon return to our country.
EMPLOYEE: Very well, madam. Here are these cards. You and your husband must fill them out and sign them, and then return them as soon as possible.
ANITA   Fine. I'll tell my husband.
EMPLOYEE: If you maintain a balance of a thousand dollars, you will be able to use a safe-deposit box without paying anything.
ANITA: We'll keep it in mind. Tell me, with whom must I speak to take out a loan?
EMPLOYEE: To (do) that you must go to the Loan Department, madam.
ANITA: Thank you very much. (*She thinks*) I must hurry. I still have to go pick up the wallet and the lighter for Daniel.

While Anita was at the bank, Daniel was at a jewelry store, buying her a present for Valentine's Day.

At the jewelry store:

DANIEL: Good morning. I would like to see that necklace in the window.
JEWELER: Of course! We also have some earrings which match the necklace.
DANIEL: How much do they cost?
JEWELER: The set costs twenty-five hundred dollars. It's made of gold and diamonds.
DANIEL: It's magnificent, but I don't have that much money to spend on jewels. . . .
JEWELER: Well . . . we also have some very pretty silver bracelets. . . .
DANIEL: No. . . . I'm sure she would prefer a ring or a watch. . . . Could you show me those?
JEWELER: Yes, sir. Here you are.
DANIEL: (*He sees a pearl necklace in the window*) Wait! How much does that pearl necklace cost?
JEWELER: Let's see. . . . They are cultured pearls, but of very good quality. This necklace costs one hundred fifty dollars.
DANIEL: I'll take it. It's very elegant. Can you gift-wrap it, please?
JEWELER: Yes, of course.

Daniel is very happy with his purchase. He goes by the flower shop and orders a bouquet of red roses.

DANIEL: This afternoon I will buy a box of candy and I will have all the presents for Anita. . . . I'd like to know what she's going to give me. . . .

STUDY OF COGNATES

1. Same, except for final vowel and/or accent:

elegante	elegant
el límite	limit
el resto	rest

2. Approximate cognates:

el estilo	style
el interés	interest
magnífico(-a)	magnificent
la perla	pearl
la rosa	rose

VOCABULARY

NOUNS

el anillo, la sortija ring
el arete earring
la billetera wallet
los bombones candy, bonbons
la caja de seguridad safe-deposit box
la calidad quality
el collar necklace
la compra purchase
la cuenta account
la cuenta corriente checking account
la cuenta de ahorros savings account
el diamante, el brillante diamond
el encendedor lighter
la florería flower shop
la joya jewel
la joyería jewelry store
el joyero jeweler
el juego set
el oro gold
la plata silver
el préstamo loan
la pulsera bracelet
el ramo bouquet
el reloj watch, clock
el reloj de pulsera wristwatch
el saldo balance
el talonario de cheques checkbook

VERBS

depositar to deposit
devolver (o:ue) to return, to give back

encargar to order
endosar to endorse
enseñar, mostrar (o:ue) to show
envolver (o:ue) to wrap
mantener (*conj. like* **tener**) to maintain, to keep
recoger to pick up
regalar to give (a gift)

ADJECTIVES

contento(-a) happy
provisional temporary

OTHER WORDS AND EXPRESSIONS

a plazo fijo time certificate, for a specified time
cobrar (cambiar) un cheque to cash a check
Día de los Enamorados St. Valentine's Day
envolver para regalo to gift-wrap
estar de acuerdo to agree, to be in agreement
hacer juego to match
lo antes posible as soon as possible
mismo(-a) same
perla de cultivo cultured pearl
por correo by mail
tanto so much
tener en cuenta to keep in mind
todavía still

GRAMMATICAL STRUCTURE EXERCISES

A. **Fill in the blanks with the Spanish equivalent of the verb in parentheses.**

1. Yo (will have) .... que depositar el dinero en mi cuenta de ahorros.

2. Nosotros (will pick up) .... las sortijas mañana sin falta.

3. ¿(Will speak) .... ustedes con el joyero?

4. Tú no (will receive) .... las perlas de cultivo hasta la semana próxima.

5. Ella se lo (will tell) .... a su esposo.

6. El policía no (will be able) .... hacer nada.

7. Mañana (there will be) .... una reunión.

8. Ella y yo (will go out) .... mañana para comprar un ramo de rosas para la profesora.

9. ¿(Will come) .... ustedes lo antes posible?

10. Ellos (will put) .... las joyas en la caja de seguridad.

B. **Complete the following sentences using the correct form of the conditional tense of the verbs in the following list.**

mantener	encargar	poder	ser
estar	ir	tener	gustar
comprar	hacer	envolver	

1. Tú no .... comprar ese diamante con mil dólares.

2. Me .... depositar todo el dinero en mi cuenta de ahorros.

3. Yo .... siempre un saldo de mil dólares en mi cuenta corriente.

4. Uds. también .... contentos con la compra.

5. .... una buena idea mandarle un ramo de rosas por su cumpleaños.

6. Yo .... a la florería y .... una docena de rosas amarillas.

7. Nosotros se lo .... para regalo.

8. Esa cartera no .... juego con tus zapatos grises.

9. Trabaja para su papá. Si no, no .... tanto dinero.

10. Yo le .... un juego de aretes y collar.

QUESTION-ANSWER EXERCISE

Answer the following questions in complete sentences.

1. ¿Prefiere usted una cuenta de ahorros a plazo fijo o sin límite de tiempo?

2. Yo creo que el español es facilísimo. ¿Está usted de acuerdo conmigo?

....

3. ¿Qué hay que hacer para poder cobrar un cheque?

....

4. ¿Cuánto dinero va a depositar usted en su cuenta corriente?

....

5. ¿Tienes un talonario de cheques?

....

6. ¿Qué hace el banco si sus cheques personales no están listos todavía?

....

....

7. Quiero comprar una casa, pero no tengo suficiente dinero. ¿Qué puedo hacer?

....

....

8. ¿Todavía tienes que ir a tu casa y preparar la cena?

....

9. ¿Cuánto interés paga su banco si usted tiene una cuenta de ahorros a plazo fijo?

....

....

10. ¿Vendrá usted a clase todos los días?

....

11. Si usted compra un par de zapatos y después no le gustan, ¿los devuelve?

....

12. ¿Les dirá usted a sus amigos que el español es muy fácil?

....

13. ¿Tienen ustedes una caja de seguridad en el banco?

....

14. Mañana por la noche doy una fiesta en mi casa. ¿Podrás venir?

....

15. Cuando su profesor(-a) dice que algo es muy importante, ¿lo tiene usted en cuenta?

....

16. ¿Piensas sacar un préstamo este año?

....

17. ¿Qué le vas a regalar a tu mejor amigo(-a) el día de su cumpleaños?

....

18. Mañana es el Día de los Enamorados. ¿Qué puedo regalarle a mi esposo?

....

19. ¿Preferirías un collar de oro y brillantes o una pulsera de plata?

....

20. ¿Prefiere usted comprar un par de zapatos de buena calidad, o tres pares de zapatos más baratos?

....

DIALOGUE COMPLETION

Using your imagination and the vocabulary learned in this lesson, complete the missing lines of these dialogues.

A. *En el banco:*

SRA. VEGA —..

EMPLEADO —¿Quiere abrir una cuenta de ahorros a plazo fijo o sin límite de tiempo?

SRA. VEGA —..

EMPLEADO —Si es a plazo fijo pagamos un interés del diez por ciento.

SRA. VEGA —..

EMPLEADO —Si es sin límite de tiempo, pagamos un interés del ocho por ciento.

SRA. VEGA —..

EMPLEADO —A plazo fijo... Muy bien, llene estas tarjetas y fírmelas, por favor.

SRA. VEGA —..

EMPLEADO —Tiene que endosarlo, señora.

SRA. VEGA —..

EMPLEADO —¿En efectivo? Sí, señora.

SRA. VEGA —..

EMPLEADO —Para sacar un préstamo, tiene que ir a la Sección de Préstamos, señora.

SRA. VEGA —...

B. *En la joyería:*

CLIENTE —...

JOYERO —¿El collar de perlas? ¡Cómo no!

CLIENTE —...

JOYERO —Sí, son perlas de cultivo, pero de muy buena calidad.

CLIENTE —...

JOYERO —Trescientos dólares.

CLIENTE —...

JOYERO —Sí, tenemos unos aretes de perlas también. Hacen juego con el collar.

CLIENTE —...

JOYERO —El juego cuesta trescientos ochenta dólares.

CLIENTE —...

JOYERO —¿El reloj de pulsera? Ciento veinte dólares, señor.

CLIENTE —...

JOYERO —La pulsera de plata pequeña cuesta treinta dólares, señor.

CLIENTE —...

JOYERO —Lo siento, señor. Solamente envolvemos para regalo si usted compra algo por más de cien dólares.

CLIENTE —...

JOYERO —No... no puedo darle papel...

A PICTURE IS WORTH A THOUSAND WORDS

Answer the following questions about the pictures on page 178.

A. 1. ¿Qué le gustaría hacer a Raúl con los cuatrocientos dólares?

    ....

   2. ¿Está de acuerdo María?

    ....

3. ¿Qué quiere hacer ella con los trescientos dólares?

   ....

4. ¿Qué tratará de comprar María con el resto del dinero?

   ....

B. 1. ¿A qué país regresarán Ana y Roberto?

   ....

2. ¿Irán en tren?

   ....

3. ¿Cree usted que a Roberto le gustaría quedarse en el Perú?

   ....

C. 1. ¿Adónde va la señora Peña?

   ....

2. ¿Con quién deberá hablar la señora Peña?

   ....

3. ¿Qué hará la señora Peña con el dinero?

   ....

D. 1. ¿Qué le va a regalar Alicia a Mario?

   ....

2. ¿Qué le va a regalar Mario a Alicia?

   ....

E. 1. ¿Cuánto cuesta el reloj de pulsera?

   ....

2. ¿Podrá comprarlo Alberto?

   ....

3. ¿Cuánto dinero tendría que conseguir Alberto para poder comprar el reloj?

   ....

F. 1. ¿Qué cree Rita que le va a regalar José?

   ....

2. ¿Qué le regala José?

....

3. ¿Está contenta Rita con su regalo?

....

SITUATIONAL EXERCISE

What would you say in the following situations?

1. Tell your friend you would like to open a checking account. Ask him if he would like to go to the bank with you.
2. You are at the bank. Tell the teller you want to cash a check. Ask him if you have to endorse it.
3. You are a teller. Ask a customer if she needs a new checkbook. Tell her she can have the same style of checks or order another style.
4. You are at the bank. Ask the teller if they could send you the temporary checks by mail.
5. You are thinking about opening a savings account. Ask the teller if they pay a higher interest if the account is for a specified time.
6. Tell your friend you will give him his book back as soon as possible.
7. You are at the bank. Tell the teller you need a safe-deposit box for your jewelry.
8. Your friend tells you he'd like a wallet for his birthday. Tell him you'll keep it in mind. Ask him if he wouldn't like a leather belt or a lighter.
9. Ask your friend what he's going to give his wife for St. Valentine's Day. Tell him you saw a magnificent pearl necklace at the jewelry store. Tell him also that pearls are very elegant.
10. You are at the jewelry store. Ask the jeweler if she can show you the diamond ring and the silver bracelet in the store window.

YOU'RE ON YOUR OWN!

Act out the following situations with a classmate:

1. A bank teller and a customer
2. A jeweler and a customer

CLASS ACTIVITY

Half of the classroom is turned into a bank, with four or five tellers (put up signs, make up checks, signature cards, etc.). The other half of the classroom is turned into a jewelry store (bring some imitation jewelry to class and price all items), with three or four jewelers. The rest of the students will go to the bank first and cash checks, deposit money in their savings and checking accounts, or open accounts. Then they will go to the jewelry store (some in pairs, as married couples, for instance) and buy all sorts of jewelry.

Lesson 17

¡No todo es diversión ...!

Hoy Miguel y Jorge no van a ir de excursión ni a visitar museos. Jorge tiene que ir al oculista, pues perdió los anteojos en el tren, y sin ellos apenas ve. Miguel se despertó con un terrible dolor de muelas, así que va a ir a una dentista que le recomendó la dueña de la pensión.

Jorge y el oculista:

JORGE —Doctor, necesito unos anteojos nuevos, porque perdí los míos y no puedo leer sin ellos.

OCULISTA —Muy bien. Mire hacia la pared. ¿Puede leer las letras más pequeñas?

JORGE —No las veo claramente.

OCULISTA —¿Y la línea siguiente?

JORGE —También está borrosa.

OCULISTA —¿La próxima?

JORGE —¡Ésa sí! ¿Quiere que lea las letras?

OCULISTA —Sí, por favor. Lea las letras con estos lentes. Quiero que me diga con cuáles ve mejor.

JORGE —Con éstos... Doctor, me gustaría usar lentes de contacto. ¿Es muy difícil acostumbrarse a ellos?

OCULISTA —Para algunas personas sí, para otras no. Yo le sugiero que hable con su oculista.

JORGE —Bueno. ¿Cuándo cree Ud. que estarán listos los lentes? Los necesito lo antes posible.

OCULISTA —Temo que no podamos tenerlos listos antes de la semana próxima. ¿Por qué no escoge la armadura ahora?

JORGE —Muy bien. ¿Cuánto le debo, doctor?

OCULISTA —Hable con la recepcionista.

Miguel y la dentista:

DENTISTA —Abra la boca, por favor. ¿Cuál es la muela que le duele? Tóquela.

MIGUEL —Ésta. No puedo morder nada.

DENTISTA —Tiene la encía infectada. Voy a recetarle un antibiótico. Ud. no es alérgico a la penicilina, ¿verdad?

MIGUEL —No, doctora. Espero que no tenga que extraerme la muela.

DENTISTA —Sí, hay que sacarla. También tiene una carie.

MIGUEL —¿Puede empastármela hoy?

DENTISTA —No, tiene que volver otro día. Además necesita una limpieza. Tiene mucho sarro. Debe cuidarse mejor la dentadura. ¿No usa Ud. hilo dental?

MIGUEL —Cuando me acuerdo.

DENTISTA —Le aconsejo que lo use diariamente. El sarro puede causar mal aliento y piorrea. Ud. no quiere tener que usar dientes postizos, ¿verdad?

MIGUEL —No... ¿Me va a dar anestesia para extraerme la muela? Estoy un poco nervioso.

DENTISTA —Sí, le voy a poner una inyección de novocaína.

DENTISTA —(*Después de sacarle la muela*) Enjuáguese la boca y escupa ahí. Si le duele mucho tome dos aspirinas y póngase una bolsa de hielo.

En la pensión Jorge y Miguel comentan que dentro de dos semanas estarán en Montevideo, y hacen algunos planes para los últimos días que van a pasar en España.

JORGE   —Es lástima que no podamos quedarnos más tiempo en España.
MIGUEL —No... es mejor que volvamos... Tengo ganas de ver a Yolanda. La extraño... Ojalá le gusten los regalos que le compré.

* * *

Not Everything Is Fun . . . !

Today Michael and George are not going on a tour or to visit museums. George has to go to the oculist, because he lost his glasses on the train and without them he can hardly see. Michael woke up with a terrible toothache, so he's going to go to a dentist that the owner of the boarding house recommended.

George and the oculist:

GEORGE: Doctor, I need some new glasses because I lost mine and I can't read without them.
OCULIST: Very well. Look at the wall. Can you read the smallest letters?
GEORGE: I can't see them clearly.
OCULIST: And the next line?
GEORGE: It's also blurry.
OCULIST: The next one?
GEORGE: That one, yes. Do you want me to read the letters?
OCULIST: Yes, please. Read the letters with these lenses. I want you to tell me which ones you can see better with.
GEORGE: With these. Doctor, I'd like to wear contact lenses. Is it very difficult to get used to them?
OCULIST: For some people it is, for others it isn't. I suggest you talk with your oculist.
GEORGE: Okay. When do you think the glasses will be ready? I need them as soon as possible.
OCULIST: I'm afraid we won't be able to have them ready before next week. Why don't you select the frame now?
GEORGE: Okay. How much do I owe you, doctor?
OCULIST: Talk to the receptionist.

Michael and the dentist:

DENTIST: Open your mouth, please. Which tooth hurts? Touch it.
MICHAEL: This one. I can't bite anything.
DENTIST: Your gum is infected. I'm going to prescribe an antibiotic. You're not allergic to penicillin, are you?
MICHAEL: No, doctor. I hope you won't have to pull my tooth out.
DENTIST: Yes, it has to come out. You also have a cavity.
MICHAEL: Can you fill it today?
DENTIST: No, you have to come back another day. Besides, you need a cleaning. You have a lot of plaque. You must take better care of your teeth. Don't you use dental floss?
MICHAEL: When I remember.
DENTIST: I advise you to use it daily. Plaque can cause bad breath and pyorrhea. You don't want to have to wear dentures, do you?
MICHAEL: No. . . . Are you going to give me anesthesia to pull out my tooth? I'm a little nervous. . . .
DENTIST: Yes, I'm going to give you a shot of Novocaine.
DENTIST: (*After pulling his tooth out*) Rinse out your mouth and spit there. If it hurts a lot take two aspirins and use an ice pack.

At the boarding house, George and Michael comment that in two weeks they'll be in Montevideo and they make some plans for the last days they're going to spend in Spain.

GEORGE: It's a pity we can't stay in Spain longer.
MICHAEL: No, it's better that we're going back. I feel like seeing Yolanda. I miss her. . . . I hope she'll like the presents I bought her.

STUDY OF COGNATES

1. Exact cognates:
   el plan   plan
   terrible   terrible

2. Approximate cognates:
   alérgico(-a)   allergic
   la anestesia   anesthesia
   el antibiótico   antibiotic
   infectado(-a)   infected
   la línea   line
   la novocaína   Novocaine
   la penicilina   penicillin
   la piorrea   pyorrhea

VOCABULARY

NOUNS

la armadura frame
la carie cavity
la dentadura set of teeth
los dientes postizos dentures, false teeth
la encía gum
el hilo dental dental floss
la letra letter
los lentes de contacto contact lenses
la limpieza cleaning
la pared wall
el sarro plaque

VERBS

acordarse (de) (o:ue) to remember
acostumbrarse a to get used to
causar to cause
comentar to comment
cuidar to take care (of)
deber to owe
escupir to spit
empastar to fill (a cavity)
enjuagar to rinse out

escoger, elegir (e:i) to choose, to select
extraer (*conj. like* **traer**) to extract
morder (o:ue) to bite
recomendar (e:ie) to recommend
tocar to touch

ADJECTIVES

borroso(-a) blurry
nervioso(-a) nervous
siguiente next, following
último(-a) last

OTHER WORDS AND EXPRESSIONS

además besides
apenas hardly
así que... so . . .
bolsa de hielo (*f.*) ice pack
claramente clearly
diariamente daily
ir de excursión to go on a tour
mal aliento bad breath
tener ganas de to feel like

GRAMMATICAL STRUCTURE EXERCISE

You are needed as an interpreter. Write the Spanish translation for each of the following expressions.

1. My dentist wants me to use   ....

   dental floss.   ....

He's right. You have to use

it daily.

2. Can you recommend a good

doctor?

Yes, I suggest you see Dr.

Viñas.

3. It's a pity that you can't

get used to your contact lenses.

I don't like them.

4. I want you to read the letters

in the first line.

I can't. They are blurry.

5. I hope you're not allergic to

penicillin, because you need

an antibiotic. . . .

No, I'm not allergic to

anything.

6. A dog bit me.

I advise you to see a doctor

right away.

7. Why are you so nervous, Mary?

Because I have to go to the

dentist, and I don't want to go.

8. I hope we can go on a tour

tomorrow.

If only it doesn't rain!

9. Are you going to take care of

the children?

No, let John take care of them.

184

10. When are you going to do the
cleaning?

    I hope to be able to do it

    tomorrow.

    ....

    ....

    ....

QUESTION-ANSWER EXERCISE

Answer the following questions in complete sentences.

1. Voy a servir los refrescos. ¿Ud. los quiere con hielo o sin hielo?

    ....

2. ¿Ya hizo Ud. planes para el próximo verano?

    ....

3. ¿Se acuerda Ud. siempre de los cumpleaños de sus amigos?

    ....

4. Conozco a una persona que tiene muy mal aliento. ¿Qué le aconseja Ud. que haga?

    ....

5. ¿Tienes ganas de ir al cine hoy?

    ....

6. No veo bien. ¿Me sugiere que vaya a un oculista?

    ....

7. ¿Qué me aconseja que haga para no tener caries?

    ....

8. Tengo un dolor de muelas terrible. ¿Qué puedo tomar?

    ....

9. ¿De qué color son las paredes de su cuarto?

    ....

10. Debo escoger un regalo para mi papá. ¿Qué me sugiere Ud. que le compre?

    ....

11. ¿Comenta Ud. sus problemas personales con sus amigos?

    ....

12. Compré un coche que costaba seis mil dólares. Pagué tres mil quinientos en efectivo. ¿Cuánto debo?

....

13. Tengo la encía infectada. ¿Me aconseja Ud. que tome antibióticos?

....

14. ¿Prefiere que le extraigan una muela o que se la empasten?

....

15. ¿Puede Ud. recomendar un buen restaurante en esta ciudad?

....

DIALOGUE COMPLETION

Using your imagination and the vocabulary learned in this lesson, complete the missing lines of these dialogues.

A. *En el oculista:*

MARÍA —Doctor, creo que necesito anteojos. No veo muy bien y además me duele mucho la cabeza.

DOCTOR —..

MARÍA —No, doctor. No puedo leer la tercera línea.

DOCTOR —..

MARÍA —La siguiente es J K L S M.

DOCTOR —..

MARÍA —¿No son ésas? Es que no las veo muy claramente.

DOCTOR —..

MARÍA —Sí, ésas están claras.

DOCTOR —..

MARÍA —Prefiero lentes de contacto.

DOCTOR —..

MARÍA —¿Para los últimos días del mes? ¿No pueden estar listos antes?

DOCTOR —..

MARÍA —Bueno, esperaré entonces. ¿Cuánto le debo?

DOCTOR —..

MARÍA —Muchas gracias, doctor.

B. *En el dentista:*

SEÑORA —...

DENTISTA —Señora, le sangran las encías porque las tiene infectadas.

SEÑORA —...

DENTISTA —Lo siento mucho, señora, pero Ud. tiene piorrea.

SEÑORA —...

DENTISTA —Sí, tengo que sacarle todos los dientes.

SEÑORA —...

DENTISTA —Voy a ponerle una dentadura postiza, así que no se preocupe.

A PICTURE IS WORTH A THOUSAND WORDS

Answer each of the following questions about the pictures on page 188.

A. 1. ¿Qué le pasa a Ramón?

....

....

2. ¿Cuánto tiempo hace que le duele la muela?

....

3. ¿Qué le sugiere Nora?

....

4. ¿Qué piensa Ramón que le va a hacer el dentista?

....

B. 1. ¿Qué quiere el dentista que haga Jorge?

....

2. ¿Qué le pregunta Jorge al dentista?

....

3. ¿Cuánto debe pagarle Jorge al dentista?

....

C. 1. ¿Dónde está Sara?

....

2. ¿Cuántas caries tiene Sara?

....

3. ¿Qué va a hacer el dentista?

....

4. ¿Qué va a ponerle el doctor a Sara?

....

5. ¿De qué cree Ud. que es la inyección?

....

6. ¿Qué tiene la enfermera en la mano?

....

7. ¿Qué quiere la enfermera que haga Sara?

....

D. 1. ¿Qué línea quiere el oculista que lea José?

....

2. ¿Cómo ve José la primera línea?

....

3. ¿Qué línea ve José claramente?

....

E. 1. ¿Qué quiere el oculista que elija José?

....

2. ¿Cuánto cuesta la armadura que va a elegir José?

....

3. ¿Cuánto va a gastar José en total?

....

SITUATIONAL EXERCISE

What would you say in the following situations?

1. Tell your ophthalmologist you lost your contact lenses. Tell him you need new ones because you can hardly see without glasses.

2. You are a dentist. Tell your patient that, if his tooth hurts, he can use an ice pack and take two aspirins.

3. You are a dentist. Tell your patient she has a lot of plaque. Tell her also that he must take care of her (set of) teeth. Tell her it's advisable to brush her teeth after meals and to use dental floss.

4. Tell your friend you have a bad toothache. Tell him also you're afraid the dentist will pull it out.

5. You are a dentist. Tell your patient to open his mouth and touch the tooth that aches.

6. You are a patient. Tell your doctor you want to make an appointment for next week. Ask him how much you owe him.

7. You are in Spain, and you lost your glasses. Ask someone if she can recommend a good oculist.

8. You and your friend are going on a vacation together. Tell her you want her to come to your house because you want to make plans.

9. You're talking on the phone to a dear friend who's away. Ask him when he'll return. Tell him you miss him.

10. Tell your friend you feel like going to the movies, and you hope she can go with you.

YOU'RE ON YOUR OWN!

Act out the following situations with a classmate:

1. The oculist and a patient who needs glasses
2. A dentist and his patient

CLASS ACTIVITY

The classroom is turned into a medical center. There are three oculists and three dentists, and one receptionist for each. One corner is set aside for a person whose job it is to make and sell glasses. Students will bring glasses to class. Two or three mirrors should also be provided. Have signs, eye charts, and any other necessary props. The rest of the students will be the patients. Each student should visit the dentist and the oculist, and try on different glasses to decide which pair they want.

The receptionists will gather information from the patients, make appointments, talk to the patients about their bills and how they're going to pay them, etc.

Lesson 18

¡A trabajar!

Doña María, la sirvienta de los López, está enferma, y su hija Rosa ha venido a ayudar a Anita.

ROSA —¿Qué van a desayunar, señora? ¿Jamón con huevos?

ANITA —Sí. Por favor, haz jamón con huevos para Daniel y a mí tráeme una taza de chocolate y dos tostadas con mantequilla y jalea o mermelada.

ROSA —¿Cómo preparo los huevos? ¿Fritos, revueltos o pasados por agua?

ANITA —Revueltos. Y trae una jarra de jugo de naranja. Gracias.

Después del desayuno:

ANITA —*(A Daniel)* Oye, cariño, necesito que me ayudes. Limpia el garaje, ¿quieres?

DANIEL —Voy a barrer la terraza primero. Dame la escoba y el recogedor.

ANITA —No te olvides de arreglar el televisor.

DANIEL —Dudo que yo pueda arreglarlo, Anita. Para eso necesitamos alguien que sepa lo que está haciendo. ¡Llama a un técnico!

ANITA —Entonces saca la basura. La lata de la basura está en la cocina, debajo del fregadero.

DANIEL —Bueno.

ANITA —*(Llama a la criada)* ¡Rosaaa! Sacude los muebles y limpia los ceniceros... y después friega las ollas y la sartén, por favor.

ROSA —Bueno. ¿No tengo que ir a la panadería y a la carnicería?

ANITA —No, ve al supermercado después. La lista de lo que necesitamos está en la mesita de noche, debajo de la lámpara.

ROSA —Señora, el tocadiscos está encendido. ¿Lo apago?

ANITA —No, no lo apagues. Súbele el volumen. ¡Ah! Enchufa la plancha. Voy a planchar.

ROSA —¿Pongo el pavo en el horno, señora?

ANITA —No, yo lo hago después. Oye, ¿conoces a alguien que pueda arreglar el televisor?

ROSA —Sí, mi vecino puede arreglárselo. También puede arreglar la tostadora que está descompuesta.

DANIEL —*(Desde el garaje)* ¡Anita! ¿Qué hace el extinguidor de incendios en el garaje? ¡Debería estar en la cocina!

ANITA —Bueno, tráelo. Pero no entres ahora porque el piso de la cocina está mojado... Ah, no... ya está seco... Ven...

Más tarde:

ROSA —Señora, ya pelé las papas y las herví. ¿Qué hago ahora?

ANITA —Pon la mesa, por favor.

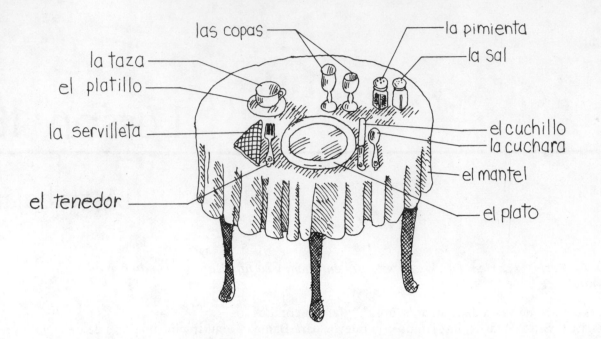

La lista de cosas que Rosa debe comprar:

remolachas	aceitunas
espinaca	maní
ajo	mayonesa
apio	salsa de tomate
pepino	carne picada
limón	verduras congeladas

*   *   *

To Work!

Doña María, the Lopezes's maid, is sick, and her daughter Rose has come to help Anita.

ROSE: What are you going to have for breakfast, madam? Ham and eggs?

ANITA: Yes. Please make ham and eggs for Daniel, and bring me a cup of (hot) chocolate and two pieces of toast with butter and jam or marmalade.

ROSE: How shall I prepare the eggs? Fried, scrambled or soft boiled?

ANITA: Scrambled. And bring a jug of orange juice. Thanks.

After breakfast:

ANITA: (*To Daniel*) Listen, love, I need you to help me. Clean the garage, will you?

DANIEL: I'm going to sweep the terrace first. Give me the broom and the dust pan.

ANITA: Don't forget to fix the T.V. set.

DANIEL: I doubt that I can fix it, Anita. For that we need someone who knows what he's doing. Call a technician!

ANITA: Then take out the trash. The trash can is in the kitchen, under the sink.

DANIEL: Okay.

ANITA: (*She calls the maid*) Rose! Dust the furniture and clean the ashtrays . . . and afterwards wash the pots and the frying pan, please.

ROSE: Okay. Don't I have to go to the bakery and to the butcher shop?

ANITA: No, go to the supermarket later. The list of the things we need is on the night table, under the lamp.

ROSE: Madam, the record player is on. Shall I turn it off?

ANITA: No, don't turn it off. Turn the volume up. Oh! Plug the iron in. I'm going to iron.

ROSE: Shall I put the turkey in the oven, madam?

ANITA: No, I'll do it later. Listen, do you know anybody who can fix the T.V. set?
ROSE: Yes, my neighbor can fix it for you. He can also fix the toaster, which isn't working.
DANIEL: (*From the garage*) Anita! What's the fire extinguisher doing in the garage? It should be in the kitchen!
ANITA: Okay. Bring it (in). But don't come in now because the kitchen floor is wet.... Oh, no ... it's already dry.... Come....

Later:

ROSE: Madam, I already peeled the potatoes and boiled them. What shall I do now?
ANITA: Set the table, please.

STUDY OF COGNATES

1. Exact cognates:

   el chocolate   chocolate

2. Approximate cognates:

   el limón   lemon
   la mayonesa   mayonnaise
   la mermelada   marmalade
   el volumen   volume

VOCABULARY

NOUNS

la aceituna olive
el ajo garlic
el apio celery
la basura trash
la carne picada, el picadillo ground meat
la carnicería butcher shop
el cenicero ashtray
la cocina stove
la escoba broom
la espinaca spinach
el extinguidor de incendios fire extinguisher
el fregadero kitchen sink
el horno oven
la jalea jam
la jarra jug, pitcher
la lámpara lamp
la lata de la basura trash can
el maní, el cacahuate peanut
la mesita de noche night table
la olla pot
la panadería bakery
el pavo, el guajalote (*Mex.*) turkey
el pepino cucumber
la plancha iron
el recogedor dust pan

la remolacha beet
la salsa de tomate tomato sauce
la sartén frying pan
el (la) sirviente(-a) servant
el técnico technician
el tocadiscos record player
la tostada piece of toast
la tostadora toaster
la verdura vegetable

VERBS

apagar to turn off, to put out
  (a fire)
barrer to sweep
enchufar to plug in
fregar (e:ie) to wash, to scrub
hervir (e:ie) to boil
olvidar(se) (de) to forget
pelar to peel

ADJECTIVES

congelado(-a) frozen
encendido(-a) turned on (*electricity*)
frito(-a) fried
mojado(-a) wet

revuelto(-a) scrambled

seco(-a) dry

OTHER WORDS AND EXPRESSIONS

cariño love (term of endearment)

debajo de under

pasado por agua soft boiled

poner la mesa to set the table

sacar la basura to take out the trash

sacudir los muebles to dust the furniture

subir el volumen to turn up the volume

GRAMMATICAL STRUCTURE EXERCISES

A. Complete each sentences according to the new beginning.

1. Dudo que el técnico pueda arreglar el televisor.

   No dudo ....

2. Estoy segura de que él viene hoy.

   No estoy segura ....

3. Creo que ellos tienen un extinguidor de incendios.

   No creo ....

4. No es verdad que la sirvienta esté en la carnicería.

   Es verdad ....

5. Tengo una casa que tiene cuatro dormitorios.

   Necesito ....

6. Busco una profesora que sepa inglés.

   Tengo ....

7. Aquí hay alguien que puede arreglar el tocadiscos.

   Aquí no hay nadie ....

8. Es cierto que nosotros tenemos muchos problemas.

   No es cierto ....

B. Change the following commands to the *tú* form.

1. Doña María, saque usted la lata de basura, por favor.

   Hijo, ...

2. Señor, tráigame el cenicero por favor.

   Pepito, ...

3. Señora, ponga el tenedor y las cucharas aquí.

   Anita, ...

4. No friegue usted las ollas ahora, doña Francisca.

.... , mi hija.

5. No venga usted tarde mañana, señor Lovera.

.... , niño.

6. Hágame usted el favor de pelar las papas, doña María.

.... , Juanita.

7. Vaya usted a la panadería ahora, señorita.

.... , Lupita.

8. Póngase los zapatos, señora.

.... , querido.

QUESTION-ANSWER EXERCISE

Answer each of the following questions with a complete sentence.

1. ¿Cómo prefiere usted preparar los huevos? ¿Fritos, revueltos o pasados por agua?

....

2. ¿Tiene usted un extinguidor de incendios en su coche?

....

3. ¿Cuántas mesitas de noche tiene usted en su cuarto?

....

4. ¿Cree usted que es peligroso dejar el horno encendido cuando no hay nadie en la casa?

....

5. ¿A qué hora toma usted el desayuno generalmente?

....

6. ¿Tiene usted una cocina eléctrica o una cocina de gas?

....

7. ¿Le gusta a usted el pavo o prefiere el pollo?

....

8. ¿Dónde compra usted el pan? ¿En la panadería o en el supermercado?

....

9. ¿De qué marca es su plancha?

   ....

10. ¿Tiene usted sirvientes en su casa?

    ....

11. Cuando usted va de compras, ¿lleva usted una lista de las cosas que necesita comprar?.

    ....

12. Mi televisor no funciona. ¿Conoce usted alguien que pueda arreglarlo?

    ....

13. ¿Qué jalea prefiere usted?

    ....

14. ¿Quieres que te sirva las tostadas con mantequilla o con margarina?

    ....

15. ¿Qué desayunó usted hoy?

    ....

16. ¿Qué es más barato? ¿Un biftec o carne picada?

    ....

17. ¿Qué le gusta comer a Popeye?

    ....

18. ¿Quieres que te traiga una ensalada de lechuga o de pepino?

    ....

DIALOGUE COMPLETION

Using your imagination and the vocabulary learned in this lesson, complete the missing lines of this dialogue.

Con Juana, la sirvienta:

SEÑORA —..

SIRVIENTA —Sí, señora. Ya barrí la terraza.

SEÑORA —..

SIRVIENTA —No, todavía no he sacado la basura.

SEÑORA —..

196

SIRVIENTA —Está debajo del fregadero.

SEÑORA   —..

SIRVIENTA —Sí, señora. En seguida lo apago.

SEÑORA   —..

SIRVIENTA —No puedo poner la mesa. No encuentro las servilletas.

SEÑORA   —..

SIRVIENTA —No, no están en la cocina.

SEÑORA   —..

SIRVIENTA —¡Ah, sí, es verdad! Están debajo del mantel.

SEÑORA   —..

SIRVIENTA —Ahora voy a enchufar la plancha y después voy a sacudir los muebles.

A PICTURE IS WORTH A THOUSAND WORDS

Answer the following questions about the pictures on page 198.

A. 1. ¿Qué quiere hacer Lisa?

....

2, ¿Qué va a necesitar para hacer esas cosas?

....

3. ¿Qué quiere hacer José?

....

B. 1. ¿A quién llama Rita?

....

2. ¿Quién cree usted que es Antonio?

....

3. ¿Qué quiere Rita que haga Antonio?

....

4. ¿Dónde está la lata de la basura?

....

5. ¿Qué cree usted que va a hacer Rita?

    ....

    ....

C. 1. ¿Qué quiere la señora Mena que haga la criada?

    ....

    ....

2. ¿Qué quiere hacer la criada primero?

    ....

D. 1. ¿Está encendido o apagado el tocadiscos?

    ....

2. ¿Cree usted que la señora Ortiz quiere que los niños le suban o le bajen el volumen al tocadiscos?

    ....

    ....

E. 1. ¿Para cuántas personas está puesta la mesa?

    ....

2. Nombre las cosas que hay en la mesa:

    1. .... 6. ....
    2. .... 7. ....
    3. .... 8. ....
    4. .... 9. ....
    5. .... 10. ....

3. Julio no toma vino. ¿Cómo lo sabemos?

    ....

4. ¿Qué le hace falta a Rosa?

    ....

5. ¿Qué le hace falta a Julio?

    ....

F. 1. ¿Para cuántas personas prepara la señora Miño la comida?

   ....

   2. ¿Qué está haciendo la señora Miño?

   ....

   3. ¿Qué va a hacer la señora Miño con las papas?

   ....

SITUATIONAL EXERCISE

What would you say in the following situations?

1. A young girl comes to help you with the housework. Tell her to do the following:

   a. make ham and scrambled eggs
   b. bring you three pieces of toast with butter and jam
   c. sweep the garage
   d. take out the trash
   e. dust the furniture
   f. go to the bakery and the butcher shop
   g. put the turkey in the oven
   h. bring the fire extinguisher to the kitchen
   i. peel four potatoes
   j. set the table

2. You are going to fix breakfast for a friend. Ask her if she wants you to serve her fried or soft-boiled eggs. Ask her also whether she wants jam or marmalade with the toast. Ask her to bring the jug of orange juice to the table.

3. Tell your spouse you want him/her to help you (be affectionate!). Tell him/her to ask the maid whether she knows anybody who can fix the record player.

4. You are going shopping. Ask your roommate to give you the list of things you need from the supermarket. Tell him/her it's under the lamp, on your night table.

5. You are going to be away for a while. Tell your child not to open the door to anybody and not to tell anybody that you are not home. Tell him also not to eat (any) peanuts.

6. Your friend is going shopping. Tell him to bring you: frozen vegetables, mayonnaise, lemon, garlic, olives, celery, beets, and tomato sauce. Tell him not to forget anything.

7. Ask your friend if he knows anyone who can fix your toaster.

8. Your friend wants to eat Mexican food. Tell him you also feel like eating Mexican food, but that there isn't any restaurant in this city that serves good Mexican food.

9. Tell your roommate not to come into the kitchen because the floor is wet.

10. Tell the children to stay in their bedrooms because the kitchen floor isn't dry yet.

YOU'RE ON YOUR OWN!

Act out the following situations with a classmate:

1. Two roommates doing things around the house, and telling each other what things need to be done

2. Two roommates preparing a shopping list (include vocabulary from other lessons)

CLASS ACTIVITY

The classroom turns into a home. The instructor is the father or the mother and the students will play the roles of children. The father or mother will tell the children what to do or what to tell a brother or sister to do. The child will then do it, and then report back to "Dad" or "Mom" —e.g., "*Ya lavé los platos. ¿Qué hago ahora?*" Bring tablecloths, silverware, dusters, brooms, etc., to help the dramatization seem as real as possible.

READING FOR CONTENT

¡Vamos a leer el diario!

NOTICIAS INTERNACIONALES

Naciones Unidas *Septiembre 20*

La Unión Soviética y Vietnam sufrieron ayer una gran derrota° diplomática cuando la Asamblea General de las Naciones Unidas rehusó° expulsar° a la delegación de Camboya.

derrota defeat

rehusó (it) refused to / **expulsar** to expel

Caracas *Septiembre 22*

El Ministro de Energía de Venezuela informó que la ayuda financiera de la OPEP (Organización de Países Explotadores de Petróleo°) a las naciones subdesarrolladas° es ocho veces mayor que la ayuda que dan los países industrializados.

petróleo oil / **subdesarrolladas** under-developed

San Salvador *Septiembre 25*

Tres personas murieron anoche en un atentado° contra° la estación de policía. Los terroristas escaparon en un automóvil.

atentado attempt / **contra** against

México *Septiembre 28*

Aumenta la inflación mundial.° La inflación en los países industrializados aumentó el 8% en junio. La mayor inflación correspondió a Italia.

mundial world (*adj.*)

After reading the international news, answer the following questions.

1. ¿Qué países sufrieron una gran derrota en las Naciones Unidas?

....

2. ¿Qué rehusó hacer la Asamblea General?

....

3. ¿Qué informó el Ministro de Energía de Venezuela?

....

4. ¿Qué quiere decir OPEP?

....

5. ¿Qué pasó anoche en San Salvador?

....

6. ¿Arrestaron a los terroristas?

....

7. ¿Cuánto aumentó la inflación en los países industrializados?

....

8. ¿Qué país tiene la mayor inflación?

....

Lesson 19

Marta va al médico

Marta no se siente bien. Tiene diarrea, náuseas y escalofríos. Llama al médico para pedir un turno.

MARTA —Necesito ver al doctor hoy mismo. Es urgente.
RECEPTIONISTA —Tiene Ud. suerte, señorita. Una señora acaba de cancelar su turno. ¿Puede Ud. venir a las diez?
MARTA —Sí, estaré allí a las diez en punto.

Con la enfermera:

ENFERMERA —Tengo que hacerle algunas preguntas para llenar su hoja clínica antes de que el doctor la vea.
MARTA —Muy bien.
ENFERMERA —¿Hay alguien en su familia que tenga diabetes o asma?
MARTA —Sí, mi mamá es diabética, pero no tengo ningún pariente que padezca de asma.
ENFERMERA —¿Hay alguien en su familia que haya muerto de un ataque al corazón?
MARTA —Sí, mi abuelo.
ENFERMERA —¿Qué enfermedades tuvo de niña?
MARTA —Sarampión, rubeola y paperas.
ENFERMERA —¿Ha sido operada alguna vez?
MARTA —Sí, me operaron de apendicitis el año pasado.
ENFERMERA —Ahora voy a pesarla. Súbase a la balanza, por favor.
MARTA —Muy bien.
ENFERMERA —Voy a tomarle la temperatura y también la presión. ¿Cuánto tiempo hace que se siente enferma?
MARTA —Desde anteayer. Me pasé dos días vomitando.
ENFERMERA —Tiene la presión un poco alta y tiene un poco de fiebre. ¿Qué otros síntomas tiene? ¿Algún dolor?
MARTA —Me siento muy débil y me duele mucho la espalda. Ojalá no haya pescado una pulmonía.
ENFERMERA —No lo creo; probablemente sea gripe. ¿Está Ud. embarazada?
MARTA —No, no estoy embarazada.
ENFERMERA —¿Ha tenido Ud. una reacción alérgica alguna vez?
MARTA —No, nunca.
ENFERMERA —Bueno, dentro de un momento viene el médico.

Con el médico:

MÉDICO —Abra la boca y saque la lengua. Ahora respire hondo. Otra vez.
MARTA —Me duele el pecho cuando respiro y también me duelen los oídos.
MÉDICO —A ver.... Hum.... Ud. tiene una infección en los oídos.
MARTA —Yo creo que tengo pulmonía, doctor.
MÉDICO —No podemos estar seguros sin que le hagan unas radiografías, pero no lo creo. Voy a recetarle unas pastillas para combatir la infección.

203

MARTA — ¿Y para la diarrea, doctor?

MÉDICO —Voy a darle este líquido. En cuanto llegue a su casa empiece a tomarlo. Una cucharada cada cuatro horas.

MARTA — ¿Hasta cuándo debo tomarlo?

MÉDICO —Hasta que se le pase la diarrea.

MARTA — ¿Debo volver, doctor?

MÉDICO —Sí, debe volver dentro de una semana a menos que continué la fiebre. Si todavía tiene fiebre debe volver pasado mañana.

MARTA — ¿Cuándo puedo viajar, doctor? Yo tengo reservación para el día 28.

MÉDICO —Hablaremos de eso cuando la vea la próxima vez. Ud. debe guardar cama hasta que se le pase la fiebre.

MARTA —Muchas gracias por todo, doctor.

MÉDICO —De nada. ¡Que se mejore!

*   *   *

Martha Goes to the Doctor

Martha isn't feeling well. She has diarrhea, nausea, and chills. She calls the doctor to make an appointment.

MARTHA: I need to see the doctor today (this very day). It's urgent.

RECEPTIONIST: You're lucky, miss. A lady has just canceled her appointment. Can you come at ten?

MARTHA: Yes, I'll be there at ten o'clock sharp.

With the nurse:

NURSE: I have to ask you some questions to fill out your medical record before the doctor sees you.

MARTHA: Very well.

NURSE: Is there anybody in your family who has diabetes or asthma?

MARTHA: Yes, my mother is a diabetic, but I don't have any relatives who suffer from asthma.

NURSE: Is there anybody in your family who has died of a heart attack?

MARTHA: Yes, my grandfather.

NURSE: What diseases did you have as a child?

MARTHA: I had the measles, German measles, and the mumps.

NURSE: Have you ever been operated on?

MARTHA: Yes; they operated on me for appendicitis.

NURSE: Now I'm going to weigh you. Get on the scales, please.

MARTHA: Very well.

NURSE: I'm going to take your temperature and also your blood pressure. How long have you felt sick?

MARTHA: Since the day before yesterday. I spent two days throwing up.

NURSE: Your blood pressure is a little high, and you have a slight fever. What other symptoms do you have? Any pain?

MARTHA: I feel very weak and my back hurts a lot. I hope I haven't caught pneumonia.

NURSE: I don't think so. . . . It's probably the flu. . . . Are you pregnant?

MARTHA: No, I'm not pregnant.

NURSE: Have you ever had an allergic reaction?

MARTHA: No, never.

NURSE: Okay, the doctor will be coming in a little while.

With the doctor:

DOCTOR: Open your mouth and stick out your tongue. Now take a deep breath. . . . Again. . . .

MARTHA: My chest hurts when I breath and my ears also hurt.

DOCTOR: Let's see. . . . Hmm. . . . , you have an ear infection.

MARTHA: I think I have pneumonia, doctor.

DOCTOR: We can't be sure without (them) taking an X-ray, but I don't think so. I'm going to prescribe some pills to combat the infection.

MARTHA: And for the diarrhea, doctor?

DOCTOR: I'm going to give you this liquid. As soon as you get home, start taking it. One spoonful every four hours.

MARTHA: How long (until when) do I have to take it?

DOCTOR: Until you get over the diarrhea.

MARTHA: Do I have to come back, doctor?

DOCTOR: Yes, you must come back in a week, unless the fever continues. If you still have a fever you must come back the day after tomorrow.

MARTHA: When can I travel, doctor? I have a reservation for the twenty-eighth.

DOCTOR: We'll talk about that when I see you next time. You must stay in bed until the fever goes away.

MARTHA: Thank you very much for everything, doctor.

DOCTOR: You're welcome. I hope you'll get better.

STUDY OF COGNATES

1. Exact cognates:

   la diabetes   diabetes

2. Same, except for a double consonant, final vowel and/or a written accent:

   la apendicitis   appendicitis

   diabético(-a)   diabetic

   el líquido   liquid

   la náusea   nausea

   urgente   urgent

3. Spanish **-ción** and English **-tion**:

   la infección   infection

   la reacción   reaction

4. Approximate cognates:

   alérgico(-a)   allergic

   el asma   asthma

   la diarrea   diarrhea

   la familia   family

   los síntomas   symptoms

VOCABULARY

NOUNS

la balanza scales
la cucharada spoonful
la enfermedad disease, sickness
los escalofríos chills
la fiebre fever
la gripe influenza, flu
las paperas mumps
el, la pariente relative
la pastilla pill
la presión blood pressure
la pulmonía pneumonia
la rubeola three-day measles
el sarampión measles

VERBS

cancelar to cancel
combatir to combat

continuar to continue
mejorarse to get better, to improve (*health*)
operar to operate
padecer (de): yo padezco to suffer (from)
pesar to weigh
recetar to prescribe
respirar to breathe
vomitar to throw up

ADJECTIVES

alto(-a) high
débil weak
embarazada pregnant

OTHER WORDS AND EXPRESSIONS

alguna vez ever
anteayer the day before yesterday

ataque al corazón heart attack	**pescar una pulmonía** to catch penumonia
de niño(-a) as a child	**que se mejore** I hope you'll get better
en punto sharp, on the dot (*time*)	**respirar hondo** to take a deep breath
desde since	**sacar la lengua** to stick out one's tongue
guardar cama to stay in bed (*when one is sick*)	**ser operado(-a)** to be operated on
	subirse a la balanza to get on the scales
hoja clínica medical history	**tener la presión alta** to have high blood pressure
pasado mañana the day after tomorrow	
	tener suerte to be in luck, to be lucky
pasársele a uno to get over	**un poco (de)** a little, a slight

GRAMMATICAL STRUCTURE EXERCISES

A. **You are needed as an interpreter. Write the Spanish translation for each of the following questions and answers.**

1. When are we going to see the doctor?

    ....

    ....

    We can't go until Peter arrives.

    ....

2. Rosa, when did Ana call you?

    ....

    She called me as soon as she arrived.

    ....

    ....

3. Doctor, when do I have to take the medicine?

    ....

    ....

    You must take it as soon as you arrive home.

    ....

    ....

4. (At) what time is the doctor going to see me?

    ....

    ....

    He can't see you until he finishes with the other patient.

    ....

    ....

5. Do I have an ear infection?

    ....

    We can't be sure without having them take some tests.

    ....

    ....

B. **Rewrite each sentence according to the new beginning.**

1. Él ha cancelado el turno.

    Temo que él ....

2. Creo que he pescado una pulmonía.

    No creo que ....

206

3. Ellos han tenido gripe.

   No es verdad que ....

4. Nunca han tenido una reacción alérgica.

   Espero que ....

5. Ud. no ha tenido fiebre hoy.

   Me alegro de que ....

6. Yo ya he tomado cuatro cucharadas del jarabe.

   No es cierto que ....

7. Nora ha tenido náuseas y escalofríos todo el día.

   Siento que ....

8. Tú has tomado las pastillas.

   Ojalá que tú ....

QUESTION-ANSWER EXERCISE

Answer the following questions in complete sentences.

1. ¿Empieza su clase de español a las nueve en punto?

   ....

2. ¿Se pesa Ud. todos los días?

   ....

3. ¿Tiene Ud. una balanza en el baño?

   ....

4. Si tengo 102° de temperatura, ¿tengo fiebre alta?

   ....

5. ¿Vino Ud. a clase anteayer?

   ....

6. ¿Tiene Ud. la presión alta?

   ....

7. Cuando Ud. tiene gripe, ¿qué sintomas tiene?

   ....

8. ¿Ha tenido Ud. pulmonía alguna vez?

....

9. ¿Le duele el pecho cuando respira hondo?

....

10. Tengo fiebre, dolor de cabeza y escalofríos. ¿Debo guardar cama?

....

11. ¿Qué toma Ud. para combatir la gripe?

....

12. ¿Alguien de su familia sufre de diabetes? ¿Quién?

....

13. ¿Padece Ud. de asma?

....

14. ¿Tiene Ud. algún pariente que haya muerto del corazón?

....

15. ¿Qué enfermedades tuvo Ud. cuando era niño(-a)?

....

....

16. ¿Ha sido Ud. operado(-a) alguna vez?

....

DIALOGUE COMPLETION

Using your imagination and the vocabulary learned in this lesson, complete the missing lines of this dialogue.

DOCTOR —(*Después de leer la hoja clínica*) ....

....

PACIENTE —Me siento mal, me duele la espalda y tengo escalofríos.

DOCTOR —...

PACIENTE —Sí, tengo un poco de fiebre y también tengo náuseas y diarrea.

DOCTOR —...

PACIENTE —Desde ayer.

208

DOCTOR —...

PACIENTE —Doctor, si respiro hondo, me duele el pecho. ¿Cree Ud. que tengo pulmonía?

DOCTOR —...

PACIENTE —¿Cuándo van a estar las radiografías?

DOCTOR —...

PACIENTE —¿Va Ud. a recetarme algo?

DOCTOR —...

PACIENTE —¿Cuándo debo tomar las pastillas?

DOCTOR —...

PACIENTE —¿Hasta cuándo debo continuar tomando las pastillas, doctor?

DOCTOR —...

A PICTURE IS WORTH A THOUSAND WORDS

Answer the following questions about the pictures on page 210.

A. 1. ¿Se siente bien Jorge?

   ....

   2. ¿Qué le pasa?

   ....

   3. ¿Qué va a hacer Jorge?

   ....

   4. ¿Cuál es la dirección del doctor Peña?

   ....

B. 1. ¿Qué hace Mario?

   ....

   2. ¿Cuánto pesa Mario?

   ....

   3. ¿Cree Ud. que Mario debe perder peso?

   ....

210

C. 1. ¿Cuál es el problema de Juan?

....

2. ¿Qué le va a recetar el Dr. Miño?

....

3. ¿Cuándo tiene que tomar Juan el jarabe?

....

D. 1. ¿Qué le pregunta Ada a la Dra. Vidal?

....

2. ¿Cuándo tiene que volver Ada al consultorio de la Dra. Vidal?

....

E. 1. ¿Todavía tiene fiebre Jorge?

....

2. ¿Qué piensa Jorge que ya no necesita hacer?

....

3. ¿Cuánto le debe Jorge al Dr. Peña?

....

F. 1. ¿Qué cree Ud. que le está diciendo el Dr. Soto a Luis?

....

2. ¿Qué quiere el Dr. Soto que haga Luis?

....

SITUATIONAL EXERCISE

What would you say in the following situations?

1. Tell your friend you're not feeling well. Tell her you have a fever and chills. Ask her to call the doctor and make an appointment for you. Tell her to tell them it's urgent.
2. Call to cancel an appointment. Tell them you can be at the doctor's office the day after tomorrow at eight o'clock sharp.
3. You are a nurse. Tell your patient you're going to take his blood pressure and his temperature before the doctor sees him.
4. Ask the doctor if he thinks you have diabetes. Tell him your father is a diabetic.
5. You are a nurse. Ask your patient if he has any relative who has died of a heart attack. Ask him also if he has ever had pains in his chest.

6. You are a patient. Tell the nurse that, as a child, you had (the) three-day measles, the German measles, and (the) mumps. Tell her also they took out your appendix when you were ten years old.

7. You are a nurse. Tell a child to get on the scales because you have to weigh him. Then tell him to stick out his tongue and say "ah."

8. Tell someone you have high blood pressure. Tell him also that you're feeling weak and your back hurts. Ask him if he thinks you have the flu.

9. You are the doctor. Tell your patient that she has an ear infection, and that you're going to prescribe penicillin to combat the infection. Tell her you want her to take a spoonful of the liquid as soon as she gets home.

10. You are a patient. Tell the doctor you had an allergic reaction to penicillin last year.

11. Your friend is sick. Tell him you hope he gets better. Tell him also that he's lucky because his doctor is very good.

12. You are a nurse. Ask your patient if she's pregnant. Ask her if she vomits in the morning.

YOU'RE ON YOUR OWN!

Act out the following situations with a classmate:

1. A nurse asking a patient some general questions, weighing him/her, taking his/her blood pressure, etc.

2. A patient who has a bad case of the flu, and the doctor

CLASS ACTIVITY

There is a flu epidemic. The classroom turns into a clinic, staffed with four or five nurses, and four or five doctors. The rest of the students will play the roles of patients. Some will be mothers or fathers bringing in a sick child. Bring as many props to class as possible. Tongue depressors, which could also serve as thermometers, belts, or pieces of rope could serve as equipment to take blood pressure, improvise for stethoscopes, etc. The nurse should write down pertinent information about each patient, and hand each patient's medical history to the doctors, who will add to it. (All this information should be turned in to the instructor.)

Lesson 20

Celebrando el regreso de Miguel

Miguel le escribio a Yolanda pidiéndole que fuera a esperarlo al aeropuerto. Ella fue, y después de dejar el equipaje en la casa de Miguel, decidieron ir a un restaurante para cenar.

En el restaurante:

MOZO   —Por aquí, por favor. (*Los lleva a una mesa cerca de la orquesta*) ¿Desean tomar algo?

MIGUEL   —Tráiganos un vermut, por favor.

MOZO   —Muy bien, señor. Aquí tienen el menú. En seguida vuelvo.

MIGUEL   —¿Qué quieres comer? Aquí tienen platos sabrosísimos.

YOLANDA   —Eso me dijo Carmen. Ella me sugirió que pidiera arroz con pollo, papa al horno y ensalada de camarones.

MIGUEL   —Yo voy a pedir chuletas de cordero con puré de papas y bróculi con salsa de queso. ¿Qué pedimos para tomar?

YOLANDA   —Yo quiero vino blanco. ¿Y tú?

MIGUEL   —Yo voy a pedir media botella de vino tinto.

YOLANDA   —¡Mira la lista de postres! Si no tuviera que guardar la línea, pediría torta de chocolate con helado de vainilla.

MIGUEL   —¡O pastel de coco...! ¡O torta al ron, que es lo que voy a pedir yo! Hoy no es día de contar calorías.

El mozo vuelve, anota el pedido y después trae la comida.

MIGUEL   —Mozo, le dije que me trajera las chuletas bien cocidas y éstas están casi crudas.

MOZO   —Ah, lo siento, señor. Voy a traerle otras.

MIGUEL   —¡Un brindis! ¡Por nosotros!

YOLANDA   —¡Salud!

Cuando terminan de comer conversan un rato. Después, Miguel paga la cuenta, deja una buena propina y salen.

MIGUEL   —Si no estás cansada, podemos caminar hasta la playa. Quiero hablarte.

YOLANDA   —¿Cansada? ¿Yo? Si no estuviéramos en la calle, bailaría. ¿De qué quieres hablarme?

MIGUEL   —Ya te lo diré cuando lleguemos a la playa...

*   *   *

Celebrating Michael's Return

Michael wrote to Yolanda, asking her to go to the airport to meet him. She did, and after leaving the luggage at Michael's house, they decided to go to a restaurant for dinner.

At the restaurant:

WAITER: This way, please. (*He takes them to a table near the orchestra*) Do you want anything to drink?

MICHAEL: Bring us a vermouth, please.

RESTAURANTE MIRAMAR

Especialidad en carnes y Mariscos

PARA EL ALMUERZO

Sándwiches

Sándwich de atún	$10	Hamburguesa	$15
Sándwich de jamón y queso	$12	Papas fritas	$ 8
Sándwich de huevo duro y tomate	$11	Tortilla a la española	$13
Sándwich de salchicha con mostaza	$10	Tortilla a la francesa	$11

Sopas

Caldo de pollo	$ 5	Sopa de fideos	$ 7
Sopa de arroz	$ 7	Sopa de arvejas (guisantes)	$ 7
Sopa de cebollas	$ 8		

Ensaladas

De tomate	$ 5	Mixta	$ 8
De lechuga	$ 4	De papas	$ 6
De pepino	$ 5		

PARA LA CENA   *Todos los platos de la lista se sirven con entremeses, la sopa del día y ensalada*

Pescados y mariscos

Bacalao	$40	Trucha	$40
Langosta	$55	Camarones	$35
Ostras	$40	Cangrejo	$55
Salmón	$45		

Carne

Albóndigas	$25	Milanesa	$35
Biftec (filete)	$45	Pato asado	$30
Cordero	$35	Pavo relleno	$35
Guisado (guiso)	$25	Pollo frito	$25
Lechón asado	$40		

Postres

Arroz con leche	$15	Flan con crema	$25
Budín	$20	Helado	$10
Torta de chocolate	$20	Gelatina	$ 4
Pastel de coco	$15	Frutas	$ 7
Torta de ron	$25		

Bebidas

Cerveza	$10	Vinto tinto	$35
Champaña	$30	Café	$10
Gaseosa	$ 8	Té	$10
Ginebra	$25	Chocolate caliente	$15
Vino blanco	$30	Jugo de frutas	$20

WAITER: Very well, sir. Here's the menu.

MICHAEL: What do you want to eat? They have very tasty dishes here.

YOLANDA: That's what Carmen told me. She suggested that I order chicken and rice, baked potato, and shrimp salad.

MICHAEL: I'm going to order lamb chops with mashed potatoes and broccoli with cheese sauce. What shall we order to drink?

YOLANDA: I want white wine. And you?

MICHAEL: I'm going to order half a bottle of red wine.

YOLANDA: Look at the dessert list! If I didn't have to watch my figure, I'd order chocolate cake with vanilla ice cream.

MICHAEL: Or coconut pie. . . . ! Or rum cake, which is what I'm going to order! Today is not a day to count calories.

The waiter returns, writes down the order and afterwards, brings the food.

MICHAEL: Waiter, I told you to bring me the lamb chops well done, and these are almost raw.

WAITER: Oh, I'm sorry, sir. I'll bring you others (chops).

MICHAEL: A toast! To us!

YOLANDA: Cheers!

When they finish eating they talk for a while. Then Michael pays the bill, leaves a good tip, and they leave.

MICHAEL: If you're not tired, we can walk to the beach. I want to talk to you.

YOLANDA: Tired? Me? If we weren't in the street, I'd dance. What do you want to talk to me about?

MICHAEL: I'll tell you when we get to the beach.

STUDY OF COGNATES

1. Same, except for a written accent mark:

el salmón	salmon

2. Approximate cognates:

el bróculi	broccoli
el budín	pudding
la caloría	calorie
el coco	coconut
la especialidad	speciality
la gelatina	gelatine
la ginebra	gin
la hamburguesa	hamburger
la orquesta	orchestra
el ron	rum
la vainilla	vanilla
el vermut	vermouth

VOCABULARY

NOUNS

las albóndigas meatballs
las arvejas, los guisantes, los chícharos peas
el bacalao cod

el brindis toast
el caldo broth
los camarones shrimp

el cangrejo   crab
el cordero   lamb
la chuleta   chop
los entremeses   hors d'oeuvres
la gaseosa   soda pop
el guisado, el guiso   stew
el lechón   young pig
la milanesa   breaded veal cutlet
la mostaza   mustard
la ostra   oyster
el pastel   pie
el pato   duck
el pedido   order
la propina   tip
el regreso   return
la salchicha   sausage
la salsa   sauce
la torta   cake
la trucha   trout

VERBS

celebrar   to celebrate

ADJECTIVES

asado(-a)   roasted
crudo(-a)   raw

mixto(-a)   mixed
relleno(-a)   stuffed
sabroso(-a), rico(-a)   tasty

OTHER WORDS AND EXPRESSIONS

arroz con pollo   chicken and
   rice
bien cocido(-a)   well done
en el aeropuerto   at the airport
esperar a alguien   to meet someone
guardar la línea   to watch one's
   figure
huevo duro   hard-boiled egg
lo que   what
media botella   half a bottle
papa al horno   baked potato
papas fritas   French fries
pescados y mariscos   seafood
por aquí, por favor   this way,
   please
puré de papas   mashed potatoes
¡salud!   cheers!
tortilla a la española   omelet with
   potatoes
tortilla a la francesa   omelet
vino tinto   red wine

GRAMMATICAL STRUCTURE EXERCISES

A. Rewrite the following sentences according to the new beginning, then read each sentence aloud.

1. Me sugiere que pida albóndigas, papa al horno y ensalada mixta.

    Me sugirió ....

2. Quiere que le preparen una ensalada de camarones y cangrejos.

    Quería ....

3. Nos pide que vayamos a esperarlo.

    Nos pidió ....

4. El médico me aconseja que no coma papas fritas.

    El médico me aconsejó ....

5. Quiere que anote el pedido.

    Quería ....

6. Sugieren que celebremos el regreso de Marta.

    Sugirieron ....

B. Answer the following questions following the model.

Model: —¿Por qué no compras el coche? (tener dinero)
—Lo compraría si tuviera dinero.

1. —¿Por qué no pides pastel de coco? (no estar tan gorda)

—..

2. —¿Por qué no me traes una botella de ron? (poder)

—..

3. —¿Por qué no les preparas un guisado a los niños? (gustar)

—..

4. —¿Por qué no compras ese Mercedes Benz? (ser millonario)

—..

5. —¿Por qué no me dices lo que pasó? (saberlo)

—..

QUESTION-ANSWER EXERCISE

Answer each of the following questions with a complete sentence.

1. Si Ud. tuviera algo que celebrar, ¿le gustaría ir a comer a un restaurante elegante?

....

....

2. En el restaurante, ¿le gusta a Ud. sentarse cerca de la orquesta?

....

3. ¿Toma Ud. vermut?

....

4. Nombre cuatro cosas que Ud. podría pedir en un restaurante si Ud. quisiera guardar la línea.

....

....

5. ¿Prefiere Ud. una tortilla a la española o una tortilla a la francesa?

....

6. ¿Qué pescados y mariscos prefiere Ud.?

....

7. Si como biftec, ¿debo pedir vino blanco o vino tinto?

....

8. Cuando Ud. da una fiesta, ¿sirve entremeses?

....

9. ¿Le gusta a Ud. la carne bien cocida o casi cruda?

....

10. ¿Qué tiene más calorías, un huevo duro o una chuleta de cordero?

....

....

11. Cuando Ud. come en un restaurante, ¿deja siempre una buena propina?

....

12. ¿Le gusta el puré de papas o prefiere bróculi con salsa de queso?

....

13. Con una torta de chocolate, ¿comería Ud. helado de chocolate o helado de vainilla?

....

....

14. ¿Ha comido Ud. alguna vez arroz con pollo? ¿Le gustó?

....

15. Cuando lo (la) invitan a cenar a un restaurante, ¿se olvida Ud. de contar las calorías?

....

16. ¿Prefiere Ud. comer cordero o lechón?

....

17. Para un brindis, ¿usaría Ud. champaña, gaseosa, ginebra o jugo de tomate?

....

18. Lea Ud. el menú del restaurante Miramar y seleccione de él lo que desea comer.

....

....

19. ¿Cuánto debe pagar por la comida que seleccionó?

....

20. ¿Cuánto debe dejar de propina?

....

DIALOGUE COMPLETION

Using your imagination and the vocabulary learned in this lesson, complete the missing lines of this dialogue.

En el restaurante:

MOZO   —...

SEÑORA —No, por favor. No deseo estar cerca de la orquesta.

MOZO   —...

SEÑORA —No, gracias, no bebo; pero deseo el menú.

MOZO   —...

Al poco rato:

MOZO   —...

SEÑORA —Deseo sopa de guisantes, biftec y ensalada de pepinos.

MOZO   —...

SEÑORA —Si, tráigame una gaseosa.

MOZO   —...

SEÑORA —De postre deseo fruta y queso.

El mozo trae la comida:

SEÑORA —Mozo, este biftec está demasiado cocido. ¿Puede traerme otro?

MOZO: —...

A PICTURE IS WORTH A THOUSAND WORDS

Answer the following questions according to the pictures on page 220.

A. 1. ¿Qué le pidió Pedro a María que hiciera?

....

....

2. ¿Qué le preguntó María a Pedro?

....

....

220

3. ¿Quién va a viajar?

....

4. ¿Adónde va Pedro?

....

B. 1. ¿Qué le pidió Eva a Luis que hiciera?

....

....

2. ¿Qué otra cosa hizo Luis?

....

....

C. 1. ¿Qué le dijo Juan a Yolanda?

....

2. ¿Qué le sugirió el mozo?

....

....

3. ¿Qué decidió pedir Yolanda?

....

....

D. 1. ¿Qué está leyendo Mario?

....

2. ¿Qué le sugirió Mario a Sara?

....

....

3. ¿Por qué cree Ud. que Sara no va a pedir torta y helado?

....

....

E. 1. ¿Qué le pidió Jorge a Nélida?

....

....

2. ¿Qué le dijo Nélida a Jorge?

....

....

F. 1. ¿Qué le dijo Lola a Jorge?

....

....

2. ¿Dejó Jorge una buena propina?

....

3. ¿Cree Ud. que la camarera está contenta con la propina?

....

SITUATIONAL EXERCISE

What would you say in the following situations?

1. You get off the plane and no one is there to meet you. Get on the phone and call a taxi service. Tell them you want a cab to meet you at the airport. Ask if they can come right away.
2. Call a restaurant and make reservations for four at eight o'clock. Tell them you would like a table near the orchestra.
3. You're at a nice restaurant with a friend. Tell your friend you suggest oysters and roast duck, and half a bottle of white wine. Tell him/her everything is very tasty at this restaurant.
4. Tell your children you asked them not to eat the pudding, and they ate half of the pudding.
5. Tell your friend that, if she didn't have to watch her figure you would give her (some) cake or a piece of coconut pie.
6. Propose a toast to the instructor and the students. Say "cheers!"
7. You and your friend are at a restaurant and the waiter brings you the wrong order. Tell him you told him to bring you breaded veal cutlet, not sausage. And tell him you ordered beer, not wine. Tell him you want gelatine for dessert.
8. You are a waiter (waitress). Tell your customers you suggest the soup of the day, shrimp salad, and stuffed turkey. Ask them what they would like to drink.
9. You are at the restaurant. Tell the waiter you want pea soup, cod, and a cucumber salad.
10. You are a waiter. Ask the customer if he wants mayonnaise or mustard on the sausage. Tell him you suggest the chicken broth.

YOU'RE ON YOUR OWN!

Act out the following situations with a classmate:

1. Two friends at a restaurant, discussing the menu and trying to decide what to order
2. A person ordering food at the restaurant, and the waiter or waitress

222

CLASS ACTIVITY

1. The class will be turned into a restaurant. Three or four students will play the roles of waiters and waitresses (the number will depend on class size). The rest of the students will be divided into groups of three or four. The waiters and waitresses will pass out the menus (after the customers ask for them) and take orders. The customers then ask for the bill, discuss ways of paying (i.e., credit cards, traveler's checks, U. S. currency), and leave a tip according to how much they spent on the dinner and how good the service was.

2. With vocabulary from all the lessons, prepare a breakfast menu and turn it in.

READING FOR CONTENT

¡Vamos a leer el diario!

NOTAS DE SOCIEDAD

Compromiso

El señor Miguel Urbieta y la señorita Yolanda Peña anunciaron su compromiso° el doce de septiembre del corriente año. La simpática pareja° planea la boda° en la Catedral el veinte de junio.

compromiso engagement

pareja couple / **boda** wedding

Boda

Ayer se celebró la boda de la señorita Rosa García con el señor José Peña en la Iglesia de la Inmaculada Concepción. La pareja anunció que pasaría la luna de miel° en Río de Janeiro. Nuestras felicitaciones al nuevo matrimonio.°

luna de miel honeymoon

matrimonio married couple

Cumpleaños

Rodeada de° sus amigos, celebró sus quince años la señorita Carmen Barreto. La fiesta tuvo lugar en el Club Primavera.

Rodeada de Surrounded by

Para Europa

Salen en estos días para Inglaterra,° Holanda y Alemania° el señor Mario Arias y señora Ada Pérez de Arias, acompañados de su hija Marisa. Los despedimos° deseándoles unas espléndidas vacaciones por el Viejo Continente.

Inglaterra England / **Alemania** Germany

Los despedimos We say farewell to them

After reading the society news answer each of the following questions with a complete sentence.

1. ¿Quiénes anunciaron su compromiso en el mes de septiembre?

....

2. ¿Dónde planea casarse la pareja?

....

3. ¿Dónde van a pasar la luna de miel Rosa y José?

....

4. ¿Dónde celebraron su boda?

....

5. ¿Dónde celebró su cumpleaños Carmen Barreto?

....

6. ¿De quiénes estuvo rodeada la señorita Barreto?

....

7. ¿Para dónde sale el matrimonio Arias? ¿Quién los acompaña?

....

8. ¿Qué les desean al despedirlos?

....

UNA RECETA DE COCINA

Croquetas de carne

Ingredientes para las croquetas:

1 libra de carne
1/2 libra de jamón
1 taza de puré de papas
1/2 taza de queso rallado°   **rallado** grated

Ingredientes para el empanizado° :   **empanizado** breaded

2 o 3 huevos
pan rallado°   **pan rallado** bread crumbs

Preparación:

Hierva la carne, muélala junto° con el jamón. Agregue° el   **muélala junto** grind it together /
puré de papas y el queso rallado poco a poco hasta formar una   **Agregue** Add
pasta. Tome pequeñas porciones de la pasta y déles una forma
oval. Bata° los huevos. Moje° las croquetas en los huevos,   **Bata** Beat / **Moje** Dip
cubriéndolas bien. Páselas° por el pan rallado y fríalas° en   **Páselas** Roll them / **fríalas** fry them
aceite caliente.

Assignment: Prepare some "croquetas" and " ¡buen provecho!" (good appetite).

LESSONS 16-20 # VOCABULARY REVIEW

A. Circle the word or phrase that does not belong in each group.

1. ajo, aceituna, arete
2. basura, arvejas, bombones
3. bacalao, carne picada, carie
4. cordero, camarones, cangrejo
5. cuchara, coco, cuchillo
6. saca, envuelve, extrae
7. barrer, encía, escoba
8. fuego, extinguidor de incendios, espinaca
9. entremeses, escalofríos, guisado
10. guisantes, chícharos, gaseosa
11. hacer juego, enfermedad, guardar cama
12. cepillo de dientes, hilo dental, huevo duro
13. cocina, interés, horno
14. jalea, jugo, mermelada
15. recogedor, reloj de pulsera, joyero
16. lo antes posible, en seguida, pasado mañana
17. milanesa, mesita de noche, puré de papas
18. anestesia, novocaína, asma
19. asado, nervioso, bien cocido
20. antibiótico, vermut, penicilina
21. receta, pasado por agua, revuelto
22. sarampión, pescados y mariscos, paperas
23. se le pasó el dolor, se mejoró, murió
24. plancha, pulsera, sortija
25. tortilla, salchicha, tenedor
26. saca la basura, saca la lengua, sacude los muebles
27. ser operado, pesarse, subirse a la balanza
28. saldo, un brindis, ¡salud!
29. cuenta corriente, cenicero, talonario de cheques
30. toca, lo tiene en cuenta, piensa
31. criada, servilleta, sirvienta
32. quiere, tiene suerte, tiene ganas
33. arroz con pollo, papas fritas, pariente
34. bolsa de hielo, billetera, cartera
35. una taza, una cucharada, una compra
36. encarga, endosa, pide
37. dice que sí, escupe, está de acuerdo
38. panadería, oro, plata
39. provisional, para siempre, por ahora
40. lata de la basura, anteojos, lentes de contacto
41. por correo, carta, por teléfono
42. sufre, padece, recoge
43. pela, pastilla, cuchillo
44. pavo, pato, pastel
45. respiramos, damos, regalamos
46. cocina, tocadiscos, tostadora
47. gaseosa, vino tinto, ron
48. apio, tostada, bróculi
49. empastar, escoger, carie
50. viaja, va de excursión, muerde
51. limón, durazno, naranja

B. Circle the appropriate word or phrase that best completes each sentence.

1. Tengo una cuenta a plazo fijo, así que me pagan (más, menos) interés.
2. Tengo que escoger la (armadura, carnicería) para mis gafas.
3. Hoy es sábado. Anteayer fue (miércoles, jueves).
4. Murió de un ataque al (dedo, corazón).
5. No veo las letras de la primera línea claramente. Están (borrosas, nerviosas).
6. Voy a poner mis joyas en la (caja de seguridad, sartén).
7. Quiero (comentar, cambiar) este cheque.
8. Tráeme verduras (canceladas, congeladas).

9. Voy a pedir (caldo, cucharita) de pollo.

10. No está bien cocido. Está casi (frito, crudo).

11. Estamos muy contentos. Vamos a celebrar nuestro aniversario con una (pulmonía, fiesta).

12. Hoy es el Día de los Enamorados. Mi esposo me regaló un ramo de (rosas, dientes postizos).

13. La cuenta era por novecientos dólares y le di quinientos. Todavía le debo (cuatrocientos, trescientos) dólares.

14. La lata de la basura está debajo del (encendedor, fregadero).

15. Tiene diarrea y está vomitando. Debe ir al (oculista, médico).

16. Tengo treinta años y hace ocho años que trabajo aquí. Trabajo aquí desde los (veinte y dos, veinte y tres) años.

17. Me siento muy débil. Necesito (ir al banco, descansar).

18. Le compré una pulsera. Voy a envolverla para (media botella, regalo).

19. Me gusta mucho ese estilo. Es muy (elegante, encendido).

20. Enguáguese la (nariz, boca) y escupa allí.

21. Voy a enchufar la (rubeola, plancha).

22. Va a tener un bebé. Está (embarazada, enferma).

23. Te esperamos a las ocho y media (y cuarto, en punto).

24. Nosotros podemos (barrerlos, esperarlos) en el aeropuerto cuando vengan.

25. Pagó la cuenta y le dejó una buena (propina, rodilla) al mozo.

26. Si es sin límite de tiempo, pagamos (más, menos) interés.

27. ¡Ponte el abrigo! ¡Vas a pescar una (pulmonía, papa al horno)!

28. ¿Dónde están los platos? Voy a poner la (presión, mesa).

29. El mozo anota el (pescado, pedido) y se va.

30. Por aquí, por favor. La mesa de ustedes está (cerca de, debajo de) la orquesta.

31. Toma la medicina y guarda cama. ¡Que te (mejores, mueras)!

32. Pedí pavo (revuelto, relleno).

33. ¿Ha tenido usted una (reacción, salsa) alérgica alguna vez?

34. Respire (hondo, sabroso), por favor.

35. Hoy vamos a celebrar el (resto, regreso) de Carlos.

36. ¿Puedes (sacudirle, subirle) el volumen al tocadiscos, por favor?

37. Necesito salsa de tomate. Voy (al supermercado, a la joyería).

38. ¿Puede leer la (siguiente, siguiendo) línea, por favor?

39. No hay ningún técnico que pueda arreglar este (tocino, televisor).

40. Necesito un poco de vainilla para el (puré de papas, flan).

C. Match the items in column A with those in column B. Then read the sentences aloud.

A		*B*
1. ¿Ya se acostumbró	.... a.	calidad?
2. ¿Tengo la presión	.... b.	no tener mal aliento?
3. ¿Es verdad que el cigarrillo	.... c.	tuvo usted de niño?
4. ¿Es de buena	.... d.	mostaza?
5. ¿Es usted	.... e.	puede causar cáncer?

6. ¿Qué enfermedades .... f. urgente?

7. ¿Tiene usted .... g. diabético?

8. ¿Puede mantener un .... h. cuando lo veas?

9. ¿Qué puedo hacer para .... i. diabetes?

10. ¿Prefieres mayonesa o .... j. cuando lo ves?

11. ¿Es verdad que él .... k. a vivir en la ciudad?

12. ¿Es .... l. cuando lo viste?

13. ¿Qué le vas a decir .... m. saldo de mil dólares?

14. ¿Qué le dijiste .... n. tiene tanto dinero?

15. ¿Qué le dices .... o. alta?

D. Write the following words or phrases in Spanish in the blanks provided. What expression is formed vertically?

1. there is   _ _

2. last (f.)   _ _ _ _ _

3. terrible   _ _ _ _ _ _ _

4. besides   _ _ _ _ _

5. love   _ _ _ _ _

6. engagement   _ _ _ _ _ _ _

7. married couple   _ _ _ _ _ _ _ _

8. England   _ _ _ _ _ _ _ _

9. couple   _ _ _ _

10. Germany   _ _ _ _ _ _

11. wedding   _ _ _

12. eyebrows   _ _ _ _

13. honeymoon: ___ **de miel**   _ _ _

14. surrounded   _ _ _ _ _ _

15. we beat   _ _ _ _ _ _

16. to grind   _ _ _ _

17. we say farewell   _ _ _ _ _ _ _ _

18. to add   _ _ _ _ _

19. dip   _ _ _

20. you (**tú**) fry   _ _ _ _

21. to cover with paste   _ _ _ _ _ _ _

22. grated   _ _ _ _ _ _

23. Spain   _ _ _ _ _ _

24. together   _ _ _ _ _

25. knee   _ _ _ _ _ _

228

E. Crucigrama (Lessons 16–20). Use the clues provided below to complete the crossword puzzle.

HORIZONTAL

1. cacahuate
2. guajalote
3. Compré el anillo en la ___ .
6. *gold,* en español
8. lo que dejamos para el mozo
9. *he takes care of,* en español
10. padres e hijos
11. La enfermera escribe los síntomas en la ___ clínica.
12. no acordarse
13. *lamp,* en español
16. *he gives back,* en español
17. enseña
18. Compro rosas en la ___ .
19. ¿Quieres una ___ de vino?

20. *fried,* en español
24. todos los días
27. *gin,* en español
28. *flu,* en español
29. *cake,* en español
30. *tablecloth,* en español
32. espléndido
34. opuesto de «seco»
35. Me ___ de apendicitis.
37. *oyster,* en español
42. grupo de instrumentos musicales
43. Necesito dinero. Voy al banco para pedir un ___ .
44. *he recommends,* en español
45. *meatballs,* en español

VERTICAL

1. La uso para preparar un sándwich.
2. *cucumber,* en español
3. Un collar es una ___ .
4. *same,* en español (*f.*)
5. opuesto de «enciende»
7. Pon una ___ de agua en la mesa.
11. puedo comprar una en McDonald's
14. Voy a hacer ___ para mis vacaciones.
15. ___ su dinero en su cuenta de ahorros.
16. dientes
21. Friego los platos en el ___ .
22. *I boil,* en español
23. *young pig,* en español
24. brillante

25. Tiene una infección en el oído. Tiene el oído ___ .
26. No puedo comer mucho. Tengo que guardar la ___ .
27. "Jell-O" es una marca de ___ .
30. Ensalada de lechuga y tomate. Ensalada ___ .
31. *nausea,* en español
33. se usa para preparar comida
34. estar mejor
36. Es una ___ de cultivo.
38. El sarro puede causar ___ .
39. *hardly,* en español
40. verdura que tiene muy pocas calorías
41. *wall,* en español

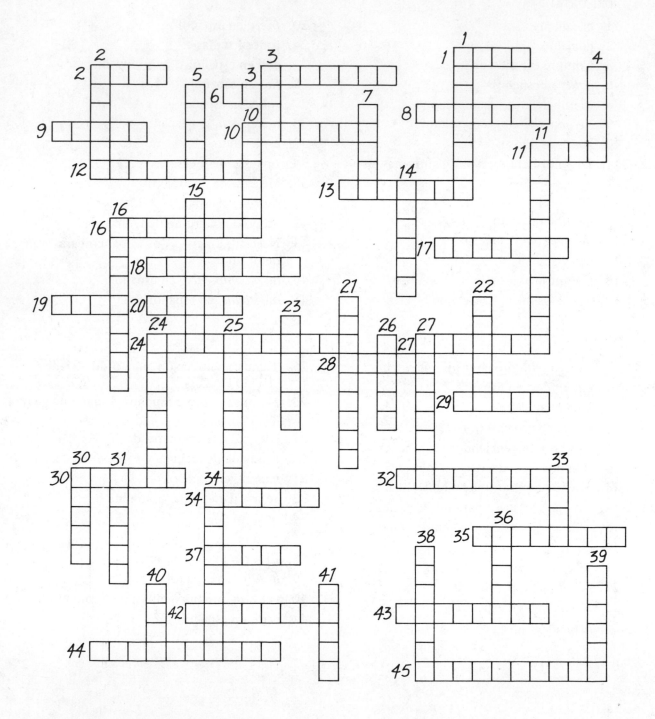

Vocabulary

Spanish – English

A

a los costados at the sides
a pagar allá collect
a pie on foot
a plazo fijo time certificate, for a specified time
a sus órdenes at your service
a ver... let's see . . .
abrazo (*m.*) hug
abrigo (*m.*) coat
abrocharse los cinturones fasten your seat belts
acá arriba up here
aceite (*m.*) oil
aceituna (*f.*) olive
aceptar to accept
acera (*f.*) sidewalk
acordarse (de) (o:ue) to remember
acostumbrarse to get used to
además besides
adicional additional
aduana (*f.*) customs
aerolínea (*f*) airline
aeropuerto (*m.*) airport
afeitar(se) to shave
afortunadamente fortunately
agencia (*f.*) agency
agente (*m. and f.*) agent
agua (*f.*) water
 —mineral (*f.*) mineral water
aguacero (*m.*) shower
ahora mismo right now
aire (*m.*) air
 —acondicionado (*m.*) air conditioning
ají (*m.*) bell pepper
ajo (*m.*) garlic
al final at the end

al lado de next to
al rato later, a while later
alberca (*f.*) swimming pool *Mex.*
albóndiga (*f.*) meatball
Alemania Germany
alérgico(-a) allergic
alguna vez ever
almohada (*f.*) pillow
almuerzo (*m.*) lunch
alquilar to rent
alrededor de about
alto(-a) high, tall
alto stop
altura (*f.*) height
allí there
amable kind
amarillo(-a) yellow
ambos(-as) both
ambulancia (*f.*) ambulance
amenazar to threaten
anestesia (*f.*) anesthesia
andén (*m.*) (railway) platform
angosto(-a) narrow
anillo (*m.*) ring
aniversario (*m.*) anniversary
anotar to write down
anteayer the day before yesterday
anteojos (*m.*) eyeglasses
 —de sol (*m.*) sunglasses
anterior previous
antibiótico (*m.*) antibiotic
anuncio (*m.*) ad
apagar to turn off, to put out (a fire)
aparcar to park
apenas hardly
apendicitis (*f.*) appendicitis

apio (*m.*) celery
apretar (e:ie) to squeeze, to be too tight
arete (*m.*) earring
armadura (*f.*) frame
arrancar to start (a motor)
arreglar to fix
arriba upstairs
arroz con pollo (*m.*) chicken and rice
arte (*m.*) art
artículo (*m.*) article
arvejas (*f.*) peas
asado(-a) roasted
asalto (*m.*) round
ascensor (*m.*) elevator
asegurado(-a) insured
así que so
asiento (*m.*) seat
asistir to attend
asma (*m.*) asthma
aspiradora (*f.*) vacuum cleaner
aspirina (*f.*) aspirin
ataque al corazón (*m.*) heart attack
atender (e:ie) to wait on
atentado (*m.*) attempt
aterrizar to land (a plane)
atropellar to run over
aunque even though
automático(-a) automatic
autopista (*f.*) freeway
¡auxilio! help!
avenida (*f.*) avenue
aviso (*m.*) ad
¡ay! ouch!
azafata female flight attendant, stewardess
azúcar (*m.*) sugar
azul blue

bacalao (m.) cod
bailar to dance
baile (m.) dance
bajo(-a) short (height), low
balanza (f.) scales
banco (m.) bank
bandeja (f.) tray
banqueta sidewalk Mex.
bañadera (f.) bathtub
baño (m.) bathroom
barato(-a) inexpensive
barba (f.) beard
barbería (f.) barbershop
barrer to sweep
barrio (m.) neighborhood
bastante quite, enough
basura (f.) trash
bata (f.) gown, robe
batería (f.) battery
batir to beat
bicarbonato de soda (m.) sodium
   bicarbonate
bien good, well
   —cocido(-a) well done
bievenido(-a) welcome
biftec (m.) steak
bigote (m.) moustache
billete (m.) ticket
billetera (f.) wallet
blanco y negro black and white
   (film)
blanquillo (m.) egg (Mex.)
boca (f.) mouth
boda (f.) wedding
boleto (m.) ticket
bolsa (f.) bag, purse
   —de hielo (f.) ice pack
   —de mano (m.) handbag
bombero (m.) fireman
bombones (m.) candy,
   bonbons
bonito(-a) pretty
borroso(-a) blurry
bota (f.) boot
botones (m.) bellboy
brazo (m.) arm
brillante (m.) diamond
brindis (m.) toast
bróculi (m.) broccoli
bronceador (m.) suntan lotion
budín (m.) pudding
¡buen provecho! good
   appetite!
bueno (adv.) well, okay
bueno(-a) (adj.) good
buscar to look for

caballero (m.) gentleman
cabello (m.) hair
cabeza (f.) head
cacahuete (m.) peanut
cada each
caerse to fall down
café (adj.) brown
café (m.) cafe, coffee
caja (f.) cash register
   —de seguridad (f.) safe-deposit
   box
calcetines (m.) socks
caldo (m.) broth
calefacción (f.) heating
calidad (f.) quality
caliente hot
calmarse to calm down
calorías (f.) calories
calzoncillo (m.) men's shorts
   (underwear)
cama (f.) bed
   —matrimonial (f.) double bed
cámara fotográfica (f.) camera
camarero(-a) waiter (waitress)
camarones (m.) shrimp
cambiar to change, to exchange
   —un cheque to cash a check
camión (m.) bus (Mex.), truck
camioneta (f.) station wagon
camiseta (f.) T-shirt
camisón (m.) nightgown
campeón(-ona) champion
cancelar to cancel
cangrejo (m.) crab
capitán captain
capó (m.) hood
cara (f.) face
¡caramba! gee!
carburador (m.) carburator
carie (f.) cavity
cariño love (term of endearment)
cariñosamente with love
carne picada (f.) ground meat
carnicería (f.) butcher shop
caro(-a) expensive
carta (f.) letter
cartera (f.) purse
casa (f.) house, home
casi almost
caspa (f.) dandruff
casualidad (f.) coincidence
causar to cause
cebolla (f.) onion
ceda el paso yield
celebrar to celebrate
cena (f.) dinner, supper

cenar to have supper (dinner)
cenicero (m.) ashtray
cepillar(se) to brush (oneself)
cepillo de dientes (m.) toothbrush
cerca de aquí near here
cerradura (f.) lock
certificado(-a) registered
cerveza (f.) beer
cicatriz (f.) scar
cielo (m.) sky
cigarrillo (m.) cigarette
cintura (f.) waist
cinturón (m.) belt
ciudadano(-a) citizen
claramente clearly
claro(-a) clear
cliente (m. and f.) client
club automovilístico (m.) auto
   club
cobija (f.) blanket
cobrar to charge, to collect
   —un cheque to cash a check
coche cama (m.) sleeper car
   (Pullman)
coche comedor (m.) dining car
cocina (f.) kitchen, stove
coco (m.) coconut
coctel (m.) cocktail
colchón (m.) mattress
collar (m.) necklace
colonia (f.) cologne
combatir to combat
comedor (m.) dining room
comentar to comment
comida (f.) meal, food
como since, being that, like
cómodo(-a) comfortable
compacto(-a) compact
compañero(-a) classmate
compañía (f.) company
   —de teléfonos (f.) telephone
   company
competencia de natación (f.) swim
   meet
compra (f.) purchase
comprar to buy
comprobante (m.) claim check,
   claim ticket
compromiso (m.) engagement
con destino a... with destination
   to . . .
con vista a... with a view to . . .
con vista a la calle exterior view
conducir to drive
confirmar to confirm
congelado(-a) frozen
conjunto (m.) outfit
   —de pantalón y chaqueta pantsuit

consultorio (*m.*) doctor's office
continuar to continue
conversar to talk, to converse
corazón (*m.*) heart
cordero (*m.*) lamb
cordialmente cordially
correr to run
cortar to cut
corte de pelo haircut
corto(-a) short
cosa (*f.*) thing
costar (o:ue) to cost
creer to believe, to think
crema (*f.*) cream
—de afeitar (*f.*) shaving cream
criada maid
crudo(-a) raw
cuadra (*f.*) block
¿cuáles? which? (*pl.*)
cualquier cosa anything
¿cuánto tiempo? how long?
cuarto (*m.*) room
cucharada (*f.*) spoonful
cuchillo (*m.*) knife
cuello (*m.*) neck
cuenta (*f.*) account, check, bill
—corriente (*f.*) checking account
—de ahorros (*f.*) savings account
cuero (*m.*) leather
cuidar to take care (of)
cumpleaños (*m.*) birthday
curita (*f.*) bandaid
curso (*m.*) course
curva (*f.*) curve

CH

champaña (*m.*) champagne
champú (*m.*) shampoo
chapa (*f.*) license plate
chaqueta (*f.*) jacket
cheque (*m.*) check
—de viajeros (*m.*) traveler's check
chícharos (*m.*) peas
chico(-a) small
chileno(-a) Chilean
chocolate (*m.*) chocolate
chuleta (*f.*) chop

D

dama lady
darse prisa to hurry
de cambio standard shift (*car*)
de ida one way
de ida y vuelta round trip
de modo que so

de niño(-a) as a child
de vestir dressy
debajo de under
deber must, should; to owe
débil weak
declarar to declare
dedo (*m.*) finger, toe
dejar to leave
delgado(-a) thin, slim
demasiado(-a) too
dentadura (*f.*) set of teeth
dentro de in, within
denunciar to report (a crime)
departamento (*m.*) department
depender (de) to depend (on)
deportes (*m.*) sports
depositar to deposit
derrota (*f.*) defeat
desaparecer to disappear
desayuno (*m.*) breakfast
descansar to rest
descomponerse to break down (*car*)
desconocido(-a) stranger
describir to describe
descuento (*m.*) discount
desde from, since
desear to want, to wish
desinfectar to disinfect
desocupar to check out, to vacate
desodorante (*m.*) deodorant
despacho de boletos (*m.*) ticket office
despacio slow, slowly
despedir (e:i) to say farewell
despegar to take off (*a plane*)
después (de) after
desvío detour
detergente (*m.*) detergent
detrás de behind
devolver (o:ue) to return, to give back
diabetes (*f.*) diabetes
diabético(-a) diabetic
diamante (*m.*) diamond
diario(-a) daily
diario (*m.*) newspaper
diariamente daily
diarrea (*f.*) diarrhea
dientes postizos (*m.*) dentures, false teeth
disco (*m.*) record
discoteca (*f.*) discotheque
doblar to turn
docena (*f.*) dozen
dolor de garganta (*m.*) sore throat
dormitorio (*m.*) bedroom
ducha (*f.*) shower

ducharse to shower
dueño(-a) owner
durante during
durar to last
durazno (*m.*) peach

E

eléctrico(-a) electric
elegante elegant
elegir (e:i) to choose, to select
elevador (*m.*) elevator
embarazada pregnant
empanizado(-a) breaded
empastar to fill (a cavity)
empatar to tie (the score)
empleado(-a) clerk
emplear to hire, to employ
en casa at home
en efectivo in cash
en punto sharp, on the dot (*time*)
en regla in order
en seguida right away
enamorado(-a) in love
encargar to order
encendedor (*m.*) cigarette lighter
encendidor(-a) on (*electricity*)
encía (*f.*) gum
enchufar to plug in
endosar to endorse
enfermedad (*f.*) disease, sickness
enjuagar to rinse out
ensalada (*f.*) salad
enseñar to show
entonces then, in that case
entrar to enter, to go in
entremeses (*m.*) hors d'oeuvres
entrevista (*f.*) interview
enviar to send
envolver (o:ue) to wrap
—para regalo to gift-wrap
enyesar to put in a cast
época (*f.*) time
equipaje (*m.*) luggage
equipo (*m.*) team
escalera (*f.*) stair
—mecánica (*f.*) escalator
escalofríos (*m.*) chills
escoba (*f.*) broom
escoger to choose, to select
escuela (*f.*) school
escupir to spit
espalda (*f.*) back
España Spain
especial special
especialidad (*f.*) speciality
espejo (*m.*) mirror
espejuelos (*m.*) eyeglasses

espinaca (*f.*) spinach
esquina (*f.*) corner
esta noche tonight
estación de servicio service station
  —de trenes (*f.*) railroad station
estacionar to park
estar de acuerdo to agree, to be in
  agreement
estar de moda to be in style
estar de vacaciones to be on
  vacation
estar seguro(-a) to be sure
estatura mediana medium height
este (*m.*) east
estilo (*m.*) style
estupendo(-a) great, fantastic
exagerar to exaggerate
exceso (*m.*) excess
excursión (*f.*) tour
expreso express
expulsar to expel
extinguidor de incendios (*m.*) fire
  extinguisher
extra extra
extraer (*conj. like* traer) to extract
extranjero(-a) foreigner

F

falda (*f.*) skirt
familia (*f.*) family
fantástico(-a) fantastic
farmacia (*f.*) pharmacy
favor de please
fecha (*f.*) date
felicidades congratulations
feo(-a) ugly
fideos (*m.*) noodles
fiebre (*f.*) fever
fiesta (*f.*) party
firmar to sign
flan custard
flequillos (*m.*) bangs
florería (*f.*) flower shop
fortune (*f.*) fortune
foto (*f.*). photo
fotografía (*f.*) photography,
  photograph
fractura (*f.*) fracture
fracturarse to fracture
frazada (*f.*) blanket
fregadero (*m.*) kitchen sink
fregar (e:ie) to wash, to scrub
freir to fry
freno (*m.*) brake
frente (*f.*) forehead
fresas (*f.*) strawberries

frío(-a) cold
frito(-a) fried
fruta (*f.*) fruit
fuego (*m.*) fire
fumar to smoke
funcionar to work, to function
funda (*f.*) pillowcase
fútbol (*m.*) football, soccer

G

gafas (*f.*) eyeglasses
ganador(-a) winner
ganga (*f.*) bargain
garganta (*f.*) throat
gaseosa (*f.*) soda pop
gasolina (*f.*) gasoline
gasolinera (*f.*) service station
gato (*m.*) jack
gelatina (*f.*) gelatine
gente (*f.*) people
gerente (*m. and f.*) manager
ginebra (*f.*) gin
golpear(se) to hit (oneself)
goma (*f.*) tire
goma pinchada flat tire
gordo(-a) fat
grabadora (*f.*) tape recorder
graduación (*f.*) graduation
gratis free
gripe (*f.*) influenza, flu
gris grey
gritar to scream
grúa (*f.*) tow truck
guajalote *Mex.* turkey
guapo(-a) handsome
guardar cama to stay in bed
  (sick)
guisado (*m.*) stew
guisantes (*m.*) peas
guiso (*m.*) stew

H

habitación (*f.*) room
hacer cola to stand in line
hacer escala to make a stopover
hacer juego to match
hacer la cama to make the bed
hacer una radiografía to take an
  X-ray
hacia toward
hamburguesa (*f.*) hamburger
harina (*f.*) flour
hasta llegar until you arrive
helado (*m.*) ice cream
herida (*f.*) wound

hermoso(-a) beautiful
hervir (e:ie) to boil
hilo dental (*m.*) dental floss
hogar (*m.*) home
hoja clínica (*f.*) medical history
horario (*m.*) schedule, timetable
horno (*m.*) oven
hoy mismo this very day
huésped (*m. and f.*) guest
huevo (*m.*) egg
  —duro (*m.*) hard-boiled egg

I

idea (*f.*) idea
importar to matter
incendio (*m.*) fire
incómodo(-a) uncomfortable
infección (*f.*) infection
infectado(-a) infected
Inglaterra England
inicial (*f.*) initial
inmigración (*f.*) immigration
interés (*m.*) interest
interior interior
invitación (*f.*) invitation
invitado(-a) guest
invitar to invite
inyección (*f.*) shot
  —antitetánica (*f.*) tetanus
  shot
ir de compras to go shopping
ir de excursión to go on a tour
ir zigzagueando to weave (*car*)
itinerario (*m.*) schedule, timetable

J

¡ja! ha!
jabón (*m.*) soap
jalea (*f.*) jam
jamón (*m.*) ham
jarabe (*m.*) syrup
  —para la tos (*m.*) cough
  syrup
jardín (*m.*) garden
jarra (*f.*) pitcher
joven young
joya (*f.*) jewel
joyería (*f.*) jewelry store
joyero (*m.*) jeweler
juego (*m.*) game, set
juez (*m. and f.*) judge
jugo (*m.*) juice
  —de naranja (*m.*) orange juice
  —de tomate (*m.*) tomato juice
juntos(-as) together

L

lado (*m.*) side
lámpara (*f.*) lamp
langosta (*f.*) lobster
larga distancia long distance
largo(-a) long
lastimarse to get hurt
lata de basura (*f.*) trash can
Latinoamérica Latin America
lavado (*m.*) shampoo
lavadora (*f.*) washer
lavar to wash
leche (*f.*) milk
lechón (*m.*) young pig
lechuga (*f.*) lettuce
lejía (*f.*) bleach
lengua (*f.*) tongue
lentes (*m.*) eyeglasses
  —de contacto (*m.*) contact lenses
letra (*f.*) letter
levantar to raise
ley (*f.*) law
  —de tránsito (*f.*) traffic law
libre vacant, free
límite (*m.*) limit
limón (*m.*) lemon
limonada (*f.*) lemonade
limpiabotas (*f.*) shoeshine
limpiaparabrisas (*m.*) windshield
  wiper
limpiar to shine
  —en seco to dry-clean
limpieza (*f.*) cleaning
línea (*f.*) line
liquidación (*f.*) sale
líquido (*m.*) liquid
lista (*f.*) list
listo(-a) ready
litera (*f.*) berth
  —alta (*f.*) upper berth
  —baja (*f.*) lower berth
literatura (*f.*) literature
lugar (*m.*) place
luna de miel (*f.*) honeymoon
luz (*f.*) light

LL

llamada (*f.*) call
llamar to call
llave (*f.*) key
llegar to arrive
llenar to fill
llevar to take, to carry
  —puesto to wear
llevarse to take away

M

magnífico(-a) magnificent
mal aliento (*m.*) bad breath
maleta (*f.*) suitcase
maletero (*m.*) trunk (of a car)
mamá mother, mom
mandar to send
manejar to drive
  —con cuidado to drive carefully
maní (*m.*) peanut
manicura (*f.*) manicure
mantener (*conj. like* **tener**) to
  maintain, to keep
mantequilla (*f.*) butter
manzana (*f.*) apple
mapa (*m.*) map
maquillaje (*m.*) makeup
máquina de afeitar razor, shaver
marca (*f.*) brand
mareado(-a) dizzy, seasick, airsick
mareo (*m.*) dizziness, seasickness,
  airsickness
margarina (*f.*) margarine
marrón brown
matricularse to register (for
  school)
matrimonio (*m.*) married couple
mayonesa (*f.*) mayonnaise
mecánico mechanic; standard shift
  (*car*)
media (*f.*) stocking
medio(-a) half
medida (*f.*) size
mediodía (*m.*) noon
medir(e:i) to measure
mejorar to improve
mejorarse to get better, to
  improve (*health*)
melocotón (*m.*) peach
melón de agua (*m.*) watermelon
menú (*m.*) menu
mermelada (*f.*) marmalade
mesero(-a) waiter (waitress)
mesita de noche (*f.*) night table
miembro (*m.*) member
mientras while
  —tanto in the meantime
milanesa (*f.*) breaded veal cutlet
millaje (*m.*) mileage
mineral (*m.*) mineral
mirar(se) to look at (oneself)
mismo(-a) same
mixto(-a) mixed
moderno(-a) modern
mojado(-a) wet
moler (o:ue) to grind

morder (o:ue) to bite
moreno(-a) dark-skinned
mostaza (*f.*) mustard
mostrador (*m.*) counter
mostrar (o:ue) to show
motor (*m.*) engine, motor
mozo waiter
muchacha girl, young woman
muchacho boy, young man
mudarse to move
muletas (*f.*) crutches
multa (*f.*) fine, ticket
mundial world-wide
muñeca (*f.*) wrist

N

nariz (*f.*) nose
natación (*f.*) swimming
nativo(-a) native
náusea (*f.*) nausea
navajita (*f.*) razor blade
Navidad (*f.*) Christmas
necesario necessary
negocio (*m.*) business
nervioso(-a) nervous
no funciona out of order; it
  doesn't work
no importa it doesn't matter
noche (*f.*) night
norte (*m.*) north
noticia (*f.*) news
novocaína (*f.*) Novocaine
nublado(-a) cloudy
nuevo(-a) new
número (*m.*) number

O

objeto (*m.*) object
ocupado(-a) busy
oeste (*m.*) west
oficial de guardia officer on duty
oficina de correos (*f.*) post office
oficina de telégrafos (*f.*) telegraph
  office
ojo (*m.*) eye
olvidar(se) (de) to forget
olla (*f.*) pot
ómnibus (*m.*) bus
operador(-a) operator
operar to operate
oreja (*f.*) ear
oro (*m.*) gold
orquesta (*f.*) orchestra
ostra (*f.*) oyster
otro(-a) other, another
¡oye! listen!

paciencia (*f.*) patience
padecer (de) to suffer from
padre (*m.*) father
padres (*m.*) parents
pagar to pay
 —por adelantado to pay in
  advance
pan (*m.*) bread
 —rallado (*m.*) bread crumbs
panadería (*f.*) bakery
pañuelo (*m.*) handkerchief
papa (*f.*) potato
 —al horno baked potato
papas fritas (*f.*) French fries
papel de cartas (*m.*) writing paper
papel higiénico (*m.*) toilet paper
paperas (*f.*) mumps
paquete (*m.*) package
par (*m.*) pair
para acá towards here
parabrisas (*m.*) windshield
parar to stop
parecer to seem
pared (*f.*) wall
pareja (*f.*) couple
pariente (*m. and f.*) relative
parque (*m.*) park
parte (*f.*) part
partido (*m.*) game, match
pasado mañana the day after
 tomorrow
pasado por agua soft boiled
pasaje (*m.*) ticket
pasajero(-a) passenger
pasar (por) to go through, to go
 by
pasar la aspiradora to vacuum
pasársele a uno to get over
pasillo (*m.*) hall, hallway
pasta dentífrica (*f.*) toothpaste
pastel (*m.*) pie
pastilla (*f.*) pill
patata (*f.*) potato
patilla (*f.*) sideburn
pato (*m.*) duck
pavimento (*m.*) pavement
pavo (*m.*) turkey
pecho (*m.*) chest
pedido (*m.*) order
pedir turno to make an
 appointment
peinado (*m.*) (hair) set, hairdo
peinar(se) to comb one's hair
peine (*m.*) comb
pelar to peel

pelea (*f.*) fight
película (*f.*) film, movie
peligro (*m.*) danger
pelirrojo(-a) redheaded
pelo (*m.*) hair
peluca (*f.*) wig
peluquería (*f.*) beauty parlor
peluquero(-a) hairdresser
penicilina (*f.*) penicillin
pensar (e:ie) to plan, to intend, to
 think
pensión (*f.*) boarding house
pepino (*m.*) cucumber
pera (*f.*) pear
perder el conocimiento to be unconscious, to lose consciousness
perdón excuse me, pardon me
periódico (*m.*) newspaper
perla (*f.*) pearl
perla de cultivo (*f.*) cultured pearl
permanente (*f.*) permanent (*hair*)
permiso (*m.*) permit
persona (*f.*) person
pesar to weigh
pescado (*m.*) fish
pescar una pulmonía to catch
 pneumonia
peso (*m.*) weight
 —ligero (*m.*) lightweight
petróleo (*m.*) oil
picadillo (*m.*) ground meat
picnic (*m.*) picnic
pie (*m.*) foot
pierna (*f.*) leg
pieza de respuesto (*f.*) extra part
piña (*f.*) pineapple
piorrea (*f.*) pyorrhea
piscina (*f.*) swimming pool
piso (*m.*) floor
piyama (*m.*) pajama
placa (*f.*) license plate
plan (*m.*) plan
plancha (*f.*) iron
planilla (*f.*) form
plata (*f.*) silver
poco(-a) little (*quantity*)
policía de tránsito traffic policeman (-woman)
poner (dar) puntos to give stitches
poner la mesa to set the table
por aquí around here, this way
por ciento percent
por correo by mail
por fin at last
por noche a (per) night
¿por qué? why?
por vía aérea air mail

portaguantes (*m.*) glove compartment
postre (*m.*) dessert
precio (*m.*) price
preguntar to ask (a question)
prender fuego to set a fire
preocuparse to worry
preparar to prepare
preparar(se) to get ready
presión (*f.*) blood pressure,
 pressure
préstamo (*m.*) loan
prestar atención to pay attention
primera clase first class
primero(-a) first
privado(-a) private
probable probable
probador (*m.*) fitting room
probar (o:ue) to try
pronóstico (*m.*) forecast
propina (*f.*) tip
próspero(-a) prosperous
público(-a) public
puente (*m.*) bridge
puerta (*f.*) door, gate (at an
 airport)
 —de salida (*f.*) boarding gate
pues well, for, because
pulgada (*f.*) inch
pulmonía (*f.*) pneumonia
pulsera (*f.*) bracelet
puntos (*m.*) stitches
puré de papas (*m.*) mashed
 potatoes

Q

¡qué lío what a mess!
quedar to be located
quedarse to stay, to remain
quemadura (*f.*) burn
queso (*m.*) cheese
quitar(se) to take off

R

radiador (*m.*) radiator
radiografía (*f.*) X-ray
ramo (*m.*) bouquet
rápido(-a) (*adj.*) fast
rápido (*m.*) express
raya (*f.*) part
reacción (*f.*) reaction
recepcionista (*m. and f.*) receptionist
recetar to prescribe
recogedor (*m.*) dust pan

recoger to pick up
recortar to trim
recorte (*m.*) trim
refresco (*m.*) soda pop
regalar to give (a gift)
registro (*m.*) register
regresar to return
regreso (*m.*) return
rehusar to refuse
reloj (*m.*) watch, clock
—de pulsera (*m.*) wristwatch
relleno(-a) stuffed
remolacha (*f.*) beet
remolcar to tow
reservación (*f.*) reservation
reservar to reserve
residencial residential
respirar to breathe
—hondo to take a deep breath
restaurante (*m.*) restaurant
resto (*m.*) rest, remainder
revelar to develop
revisar to check
revuelto(-a) scrambled
rico(-a) tasty
rizador (*m.*) hair curler
rizar to curl
robar to steal, to rob
robo (*m.*) robbery
rodeado(-a) (de) surrounded by
rodilla (*f.*) knee
rollo de película (*m.*) roll of film
romper to break
ron (*m.*) rum
ropa (*f.*) clothes
—interior (*f.*) underwear
rosa (*f.*) rose
rosado(-a) pink
rubeola (*f.*) three-day measles
rubio(-a) blonde

S

sábana (*f.*) sheet
sabroso(-a) tasty, rich
sacar la lengua to stick out one's tongue
sacudir los muebles to dust the furniture
sala (*f.*) room, living room
—de emergencia (*f.*) emergency room
—de espera (*f.*) waiting room
—de rayos X (*f.*) X-ray room
salchicha (*f.*) sausage
saldo (*m.*) balance
salida (*f.*) exit

salmón (*m.*) salmon
salón de belleza (*m.*) beauty parlor
salón de estar (*m.*) family room
salsa (*f.*) sauce
¡salud! cheers!
sandalia (*f.*) sandal
sandía (*f.*) watermelon
sándwich (*m.*) sandwich
sangrar to bleed
sarampión (*m.*) measles
sarro (*m.*) plaque
sartén (*f.*) frying pan
secador (*m.*) (hair) dryer
secadora (*f.*) (clothes) dryer
seco(-a) dry
seguro (*m.*) insurance
—médico (*m.*) medical insurance
semáforo (*m.*) traffic signal
semana (*f.*) week
sentir(se) (e:ie) to feel
señal de parada (*f.*) stop sign
servicio (*m.*) service
—de habitación room service
servir (e:i) to serve
siesta (*f.*) nap
siguiente next, following
simpático(-a) nice, charming
sin without
síntoma (*m.*) symptom
sirviente(-a) servant
sobre (*m.*) envelope
sobre on, on top of
—todo especially, above all
sobrecargo (*m.*) male flight attendant
socio(-a) member
¡socorro! help!
soleado(-a) sunny
sopa (*f.*) soup
sortija (*f.*) ring
sospechar to suspect
subdesarrollado(-a) under-developed
subir to climb, to go up, to get on, to board (a plane)
—el volumen to turn up the volume
subterráneo (*m.*) subway
suceder to happen
sucio(-a) dirty
sueldo (*m.*) salary
suerte (*f.*) luck
suéter (*m.*) sweater
suficiente enough, sufficient
supermercado (*m.*) supermarket
supersticioso(-a) superstitious

suponer (*conj. like* poner) to suppose
sur (*m.*) south

T

talonario de cheques (*m.*) check-book
talla (*f.*) size
taller de mecánica (*m.*) repair shop
tan such a, so
tanque (*m.*) tank
tanto so much
tarifa (*f.*) rate
tarjeta (*f.*) card
—de crédito (*f.*) credit card
—postal (*f.*) post card
taxi (*m.*) taxi
taza (*f.*) cup
técnico technician
televisor (*m.*) T.V. set
tener cuidado to be careful
tener... de atraso to be . . . behind
tener en cuenta to keep in mind
tener ganas de to feel like
tener la culpa to be at fault
tener lugar to take place
tener suerte to be in luck, to be lucky
terrible terrible
testigo (*m. and f.*) witness
tétano (*m.*) tetanus
tiempo (*m.*) time
tienda (*f.*) store
timbre (*m.*) stamp *Mex.*
tobillo (*m.*) ankle
tocadiscos (*m.*) record player
tocar to touch
tocarle a uno to be one's turn
tocino (*m.*) bacon
todavía still, yet
todo everything
todos(-as) all, everyone
tomar to drink, to take (a bus, train, etc.)
tomate (*m.*) tomato
torcer (o:ue) to twist
toronja (*f.*) grapefruit
torta (*f.*) cake
tortilla (*f.*) omelet
tos (*f.*) cough
tostada (*f.*) piece of toast
tostadora (*f.*) toaster
traer to bring
traje (*m.*) suit
transformador (*m.*) transformer

trasbordar to change (trains, buses, etc.)
tren (*m.*) train
trucha (*f.*) trout
turbulencia (*f.*) turbulence
turno (*m.*) turn

U

último(-a) last
un poco (de) a little, a slight
una vía one way
unas... about (approximately) ...
urgente urgent
usar to use, to wear
uvas (*f.*) grapes

V

vacío(-a) empty
vainilla (*f.*) vanilla

vaso (*f.*) glass
vegetariano(-a) vegetarian
velocidad máxima (*f.*) speed limit
vencer to defeat
vender to sell
venta especial (*f.*) sale
ventanilla (*f.*) window (at a bank, on a plane, etc.)
¿verdad? true? right?
verdura (*f.*) vegetable
vereda (*f.*) sidewalk
vermut (*m.*) vermouth
vestíbulo (*m.*) lobby
viajar to travel
viaje (*m.*) travel, trip
vidriera (*f.*) store window
viejo(-a) old
vino (*m.*) wine
—**tinto** (*m.*) red wine

violación (*f.*) rape
visa (*f.*) visa
volante (*m.*) steering wheel
volumen (*m.*) volume
vomitar to throw up
voz (*f.*) voice
vuelo (*m.*) flight
vuelto (*m.*) change

Y

ya no no longer
yogur (*m.*) yogurt

Z

zanahoria (*f.*) carrot
zapatería (*f.*) shoe store
zona de estacionamiento (*f.*) parking lot

A

about unas; alrededor de
above sobre
 —**all** sobre todo
accept aceptar
account cuenta (*f.*)
ad aviso (*m.*), anuncio (*m.*)
additional adicional
after después (de)
agency agencia (*f.*)
agent agente (*m. and f.*)
agree estar de acuerdo
air aire (*m.*)
 —**conditioning** aire acondicionado (*m.*)
air mail por vía aérea
airline aerolínea (*f.*)
airsick mareado(-a)
airsickness mareo (*m.*)
all todos(-as)
allergic alérgico(-a)
almost casi
ambulance ambulancia (*f.*)
anniversary aniversario (*m.*)
another otro(-a)
anything cualquier cosa
 —**else?** ¿algo más?
appendicitis apendicits
  (*m.*)
apple manzana (*f.*)
arm brazo (*m.*)
around here por aquí
arrive llegar
art arte (*m.*)
article artículo (*m.*)
ash ceniza (*f.*)
ashtray cenicero (*m.*)
ask (a question) preguntar
aspirin aspirina (*f.*)
asthma asma (*m.*)
at home en casa
at last por fin
at the end al final
at the sides a los costados
attempt atentado (*m.*)
attend asistir
anesthesia anestesia (*f.*)
ankle tobillo (*m.*)
antibiotic antibiótico (*m.*)
auto club club automovilístico
  (*m.*)
automatic automático(-a)
avenue avenida (*f.*)

B

back espalda (*f.*)
bacon tocino (*m.*)
bad breath mal aliento
bag bolsa (*f.*)
baked al horno
bakery panadería (*f.*)
balance saldo (*m.*)
bandaid curita (*f.*)
bangs flequillos (*m.*)
bank banco (*m.*)
barbershop barbería (*f.*)
bargain ganga (*f.*)
bathroom baño (*m.*), cuarto de
  baño (*m.*)
bathtub bañadera (*f.*)
battery batería (*f.*)
be at fault tener la culpa
be ... behind tener... de atraso
be careful tener cuidado
be in agreement estar de acuerdo
be in luck tener suerte
be in style estar de moda
be located estar situado, quedar
be lucky tener suerte
be on vacation estar de vacaciones
be one's turn tocarle a uno
be operated on ser operado(-a)
be too tight apretar (e:ie)
be unconscious perder el conocimiento
beard barba (*f.*)
beat batir
beautiful hermoso(-a)
beauty parlor salón de belleza
  (*m.*), peluquería (*f.*)
because porque, pues
bed cama (*f.*)
bedroom dormitorio (*m.*),
  recámara (*f.*) *Mex.*
beer cerveza (*f.*)
beet remolacha (*f.*)
behind detrás (de)
being that como, ya que
believe creer
bell pepper ají (*m.*)
bellboy botones (*m.*)
belt cinturón (*m.*)
berth litera (*f.*)
besides además
bicarbonate bicarbonato (*m.*)
bill cuenta (*f.*)
birthday cumpleaños (*m.*)

bite morder (o:ue)
black and white (*film*) blanco y
  negro
blanket frazada (*f.*), cobija (*f.*)
bleach lejía (*f.*)
bleed sangrar
block cuadra (*f.*)
blonde rubio(-a)
blood pressure presión (*f.*)
blue azul
blurry borroso(-a)
board (*a plane*) subir
boarding gate puerta de salida (*f.*)
boarding house pensión (*f.*)
boil hervir (e:ie)
bonbon bombón (*m.*)
boot bota (*f.*)
both ambos(-as), los(las) dos
bouquet ramo (*m.*)
boy muchacho, niño
bracelet pulsera (*f.*), bracelet
  (*m.*)
brake freno (*m.*)
brand marca (*f.*)
bread pan (*m.*)
 —**crumbs** pan rallado
breaded empanizado(-a)
 —**veal** milanesa (*f.*)
break romper
break down (*a car*) descomponerse
breakfast desayuno (*m.*)
breathe respirar
bridge puente (*m.*)
bring traer
broccoli bróculi (*m.*)
broom escoba (*f.*)
broth caldo (*m.*)
brown marrón, café
brush (*onself*) cepillar(se)
burn quemadura (*f.*)
bus ómnibus (*m.*)
business negocio (*m.*)
busy ocupado(-a)
butcher shop carnicería
butter mantequilla (*f.*)
buy comprar
by mail por correo

C

cafe café (*m.*)
cake torta (*f.*), pastel (*m.*)
call (*n.*) llamada (*f.*)
call (*v.*) llamar

calm down calmar(se)
calorie caloría (f.)
camera cámara fotográfica (f.)
cancel cancelar
candy bombones (m.), dulce (m.)
captain capitán, capitana
carburator carburador (m.)
card tarjeta (f.)
carrot zanahoria (f.)
carry llevar
cash en efectivo
  —a check cobrar (cambiar) un
    cheque
  —register caja (f.)
catch pescar
cause causar
cavity carie (f.)
celebrate celebrar
celery apio (m.)
champagne champaña (f.)
champion campeón, campeona
change vuelto (m.)
change (planes, trains, etc.)
  trasbordar
change cambiar
charge cobrar
charming simpático(-a)
check (n.) cuenta (f.)
check (v.) revisar
  —out desocupar
checkbook talonario de cheques
  (m.)
checking account cuenta corriente
  (f.)
cheers! ¡salud!
cheese queso (m.)
chest pecho (m.)
chicken and rice arroz con pollo
  (m.)
Chilean chileno(-a)
chills escalofríos (m.)
chocolate chocolate (m.)
choose elegir (e:i), escoger
chop chuleta (f.)
Christmas Navidad (f.)
cigarette cigarrillo (m.)
citizen ciudadano(-a)
claim check comprobante
classmate compañero(-a)
cleaning limpieza (f.)
clear claro(-a), soleado(-a)
clearly claramente
clerk empleado(-a)
client cliente(-a)
climb subir
clock reloj, reloj de pared (m.)
clothes ropa (f.)

cloudy nublado
coat abrigo (m.)
cocktail coctel (m.)
coconut coco (m.)
cod bacalao
coffee café (m.)
coincidence casualidad (f.)
cold frío(-a)
collect cobrar
collect call a pagar allá
cologne colonia (f.)
comb (one's hair) (v.) peinarse
comb (n.) peine (m.)
combat combatir
confirm confirmar
comfortable cómodo(-a)
comment comentar
compact compacto(-a)
company compañía (f.)
congratulations felicidades,
  felicitaciones
contact lenses lentes de contacto
  (m.)
continue continuar
converse conversar
cordially cordialmente
corner esquina (f.)
cost costar (o:ue)
cough tos (f.)
  —syrup jarabe para la tos (m.)
counter mostrador (m.)
couple pareja (f.)
course curso (m.)
crab cangrejo
cream crema (f.)
credit card tarjeta de crédito (f.)
crutches muletas (f.)
cucumber pepino (m.)
cultured pearl perla de cultivo (f.)
cup taza (f.)
curl rizar
curler rizador (m.)
curve curva (f.)
custard flan (m.)
customs aduana (f.)
cut cortar

D

daily diario(-a), diariamente
dance bailar
dance baile (m.)
dandruff caspa (f.)
danger peligro (m.)
dark-skinned moreno(-a)
date fecha (f.)
declare declarar

defeat vencer
defeat derrota (f.)
dental floss hilo dental (m.)
dentures dientes postizos (m.)
deodorant desodorante (m.)
department departmento (m.)
depend (on) depender (de)
deposit depositar
describe describir
dessert postre (m.)
detergent detergente (m.)
detour desvío (m.)
develop revelar
diabetes diabetes (f.)
diabetic diabético(-a)
diamond diamante (m.), brillante
  (m.)
diarrhea diarrea (f.)
dining room comedor (m.)
dinner cena (f.), comida (f.)
dirty sucio(-a)
disappear desaparecer
discotheque discoteca (f.)
discount descuento (m.)
disease enfermedad (f.)
disinfect desinfectar
dizziness mareo (m.)
dizzy mareado(-a)
doctor's office consultorio (m.)
door puerta (f.)
double bed cama matrimonial
dozen docena (f.)
dressy de vestir
drink tomar, beber
drive manejar, conducir
dry seco(-a)
dry clean limpiar en seco
dry cleaners tintorería
dryer secador (m.), secadora (f.)
duck pato
during durante
dust (v.) sacudir (furniture)
dust (n.) polvo (m.), polvareda (f.)
  —pan recogedor (m.)

E

each cada
ear oreja (f.), oído (m.)
earring arete, aro, pendiente (m.)
east este (m.)
egg huevo (m.), blanquillo (m.)
  Mex.
electric elétrico(-a)
elegant elegante
elevator elevador (m.), ascensor
  (m.)

240

emergency room sala de emergencia (f.)
employ emplear, contratar
empty vacío(-a)
endorse endosar
engagement compromiso (m.)
engine motor (m.)
England Inglaterra
enough bastante, suficiente
enter entrar
envelope sobre (m.)
escalator escalera mecánica (f.)
especially sobre todo, especialmente
even though aunque
ever alguna vez, jamás
every day todos los días
everyone todos(-as)
everything todo
eye ojo (m.)
eyeglasses lentes (m.), anteojos (m.), gafas (f.), especjuelos (m.)
exaggerate espejuelos (m.)
excess exceso (m.)
exchange cambiar
excuse me perdón, disculpe
exit salida (f.)
expel expulsar
expensive caro(-a)
express rápido (m.), expreso (m.)
extra extra
—part pieza de repuesto (f.)
extract extraer (conj. like traer)

F

face cara (f.)
fall down caerse
false teeth dientes postizos (m.)
family familia (f.)
—room salón de estar (m.)
fantastic fantástico(-a), estupendo(-a)
fast rápido(-a)
fasten your seat belt abrocharse el cinturón
fat gordo(-a)
father padre, papá
feel sentir(se) (e:ie)
—like tener ganas
fever fiebre (f.)
fight pelea (f.)
fill llenar; empastar (a tooth)
film película (f.)
fine multa (f.)
finger dedo (m.)
fire incendio (m.), fuego (m.)

—extinguisher extinguidor de incendios (m.)
fireman bombero
first primero(-a)
—class (de) primera clase
fit quedar (clothes)
fitting room probador (m.)
fix arreglar, reparar
flat tire goma pinchada
flight vuelo (m.)
—attendant sobrecargo (m.), azafata (f.)
floor piso (m.)
flour harina (f.)
flower flor (f.)
—shop florería (f.)
flu gripe (f.)
following (adj.) siguiente
food comida (f.), alimento (m.)
foot pie (m.)
football fútbol americano (m.)
for para, por, pues
forecast pronóstico (m.)
forehead frente (f.)
foreigner extranjero(-a)
forget olvidar(se) (de)
form planilla (f.)
fortunately afortunadamente
fortune fortuna (f.)
fracture (v.) fracturar(se)
fracture (n.) fractura (f.)
frame armadura (f.)
free libre, gratis
freeway autopista (f.)
French fries papas fritas (f.)
fried frito(-a)
from desde, de
frozen congelado(-a)
fruit fruta (f.)
fry freir
frying pan sartén (f.)
function funcionar

G

game partido (m.), juego (m.)
garden jardín (m.)
garlic ajo (m.)
gasoline gasolina (f.)
gate (at an airport) puerta (f.)
gee! ¡caramba!
gelatine gelatina (f.)
gentleman caballero
Germany Alemania
get better mejorar(se)
get hurt lastimarse
get on subir(se)

get over (sickness) pasársele a uno
get ready prepararse
get used to acostumbrarse (a)
gift-wrap envolver para regalo
gin ginebra (f.)
girl muchacha, niña
give (a gift) regalar
give back devolver (o:ue)
glass vaso (m.), vidrio (m.)
glove compartment portaguantes (m.), guantera (f.)
go in entrar
go on a tour ir de excursión
go shopping ir de compras
go through pasar
go up subir
gold oro (m.)
good (adv.) bien
good (adj.) bueno(-a) (adj.)
—appetite buen provecho
gown bata (f.)
graduation graduación (f.)
grapefruit toronja (f.)
grapes uvas (f.)
great estupendo(-a)
grey gris
grind moler (o:ue)
ground meat carne picada (f.), picadillo (m.)
guest huésped (m. and f.)
gum encía (f.)

H

ha! ¡ja!
hair cabello (m.), pelo (m.)
haircut corte de pelo (m.)
hairdo peinado (m.)
hairdresser peluquero(-a)
half medio(-a)
hall(way) pasillo (m.), corredor (m.)
ham jamón (m.)
hamburger hamburguesa (f.)
handbag bolso de mano (m.)
handkerchief pañuelo (m.)
handsome guapo(-a)
happen suceder, pasar
hard-boiled egg huevo duro
hardly apenas
have on llevar puesto, tener puesto
have supper (dinner) cenar
head cabeza (f.)
heart corazón (m.)
—attack ataque al corazón (m.)
heating calefacción (f.)

heavy   pesado(-a)
  —shower   aguacero (*m.*)
height   altura (*f.*), estatura (*f.*)
help!   ¡socorro!, ¡auxilio!
here it is   aquí está
high   alto(-a)
hire   emplear, contratar
hit (oneself)   golpear(se)
home   casa (*f.*), hogar (*m.*)
honey   miel (*f.*)
honeymoon   luna de miel (*f.*)
hood (*of a car*)   capó (*m.*)
hors d'oeuvres   entremeses (*f.*)
hot   caliente
house   casa (*f.*)
how long?   ¿cuánto tiempo?
hug   abrazo (*m.*)
hurry   darse prisa, apurarse

I

ice cream   helado (*m.*)
ice pack   bolsa de hielo (*f.*)
idea   idea (*f.*)
immigration   inmigración (*f.*)
improve   mejorar
improve (one's health)   mejorarse
in   dentro (de)
in love   enamorado(-a)
in order   en regla
in that case   entonces, en ese caso
in the meantime   mientras tanto
inch   pulgada (*f.*)
inexpensive   barato(-a)
infected   infectado(-a)
infection   infección (*f.*)
influenza   gripe (*f.*)
initial   inicial
insurance   seguro (*m.*)
insure   asegurar
intend   pensar (e:ie)
interest   interés (*m.*)
interior   interior
interview   entrevista (*f.*)
invitation   invitación (*f.*)
invite   invitar
iron   plancha (*f.*)

J

jack   gato (*m.*)
jacket   chaqueta (*f.*)
jam   jalea (*f.*)
jewel   joya (*f.*)
jeweler   joyero (*m.*)
jewelry store   joyería (*f.*)
judge   juez (*m. and f.*)
juice   jugo (*m.*)

K

keep   mantener (*conj. like* tener)
  —in mind   tener en cuenta
key   llave (*f.*)
kind   amable
kitchen   cocina (*f.*)
  —sink   fregadero (*m.*)
knee   rodilla (*f.*)
knife   cuchillo (*m.*)

L

ladies' clothes   ropa para damas (*f.*)
lady   dama
lamb   cordero (*m.*)
lamp   lámpara (*f.*)
land (*a plane*)   aterrizar
last (*adj.*)   último(-a)
last (*v.*)   durar
later   al rato
Latin America   Latinoamérica
law   ley (*f.*)
leather   cuero (*m.*)
leave   dejar, irse
leg   pierna (*f.*)
lemon   limón (*m.*)
lemonade   limonada (*f.*)
let me see   déjeme ver
letter   letra (*f.*), carta (*f.*)
lettuce   lechuga (*f.*)
license plate   chapa (*f.*), placa (*f.*)
light   luz (*f.*)
lighter   encendedor (*m.*)
lightweight   peso ligero (*m.*)
like   como
limit   límite (*m.*)
line   línea (*f.*)
liquid   líquido (*m.*)
list   lista (*f.*)
listen   escuchar
literature   literatura (*f.*)
little   poco(-a) (*quantity*)
living room   sala (*f.*)
loan   préstamo (*m.*)
lobby   vestíbulo (*m.*)
lobster   langosta (*f.*)
lock (*n.*)   cerradura (*f.*)
lock (*v.*)   cerrar con llave
long   largo(-a)
  distance   larga distancia
look at (onself)   mirar(se)
look for   buscar
love   cariño (*m.*), amor (*m.*)
low   bajo(-a)
lower berth   litera baja (*f.*)
luck   suerte (*f.*)

luggage   equipaje (*m.*)
lunch   almuerzo (*f.*)

M

magazine   revista (*f.*)
magnificent   magnífico(-a)
maid   criada, sirvienta
maintain   mantener (*conj. like* tener)
make a stopover   hacer escala
make an appointment   pedir turno
make the bed   hacer la cama
makeup   maquillaje (*m.*)
manager   gerente (*m. and f.*)
manicure   manicura (*f.*)
map   mapa (*m.*)
margarine   margarina (*f.*)
marmalade   mermelada (*f.*)
married couple   matrimonio (*m.*)
mashed potatoes   puré de papas (*m.*)
match (*v.*)   hacer juego
match (*n.*)   partido (*m.*); fósforo (*m.*)
matter   importar
mattress   colchón (*m.*)
mayonnaise   mayonesa (*f.*)
meal   comida (*f.*)
measles   sarampión (*m.*)
measure   medir (e:i)
meatball   albóndiga (*f.*)
mechanic   mecánico (*m.*)
medical history   historia clínica (*f.*)
medical insurance   seguro médico (*m.*)
medium height   estatura mediana
member   socio(-a), miembro (*m. and f.*)
menu   menú (*m.*)
mess   lío (*m.*)
mileage   millaje (*m.*)
milk   leche (*f.*)
mineral   mineral (*m.*)
  —water   agua mineral (*m.*)
mirror   espejo (*m.*)
mixed   mixto (-a)
modern   moderno(-a)
mother (mom)   mamá (*f.*)
motor   motor (*m.*)
moustache   bigote (*m.*)
mouth   boca (*f.*)
move   mudar(se)
movie   película (*f.*)
mumps   paperas (*f.*)
must   deber
mustard   mostaza (*f.*)

N

nap siesta (f.)
narrow angosto(-a)
native nativo(-a)
nausea náusea (f.)
near cerca
neck cuello (m.)
necklace collar (m.)
neighbor vecino (-a)
neighborhood barrio (m.), vecindad (f.)
nervous nervioso(-a)
new nuevo(-a)
news noticia (f.)
newspaper diario (m.), periódico (m.)
next siguiente, próximo(-a)
 —to al lado de
nice simpático(-a)
night noche (f.)
 —table mesita de noche (f.)
nightgown camisón (m.)
no longer ya no
noodles fideos (m.)
noon mediodía (m.)
north norte (m.)
nose nariz (f.)
Novocaine novocaína (f.)
number número (m.)

O

object objeto (m.)
officer on duty oficial de guardia (m.)
okay bueno
oil aceite (m.), petróleo (m.)
old viejo(-a)
olive aceituna (f.)
omelet tortilla a la francesa (f.)
on (prep.) sobre, en
on (electricity) encendido(-a)
on foot a pie
on top of sobre, encima de
one way de ida, una vía, sentido único
onion cebolla (f.)
operate operar
operator operador(-a)
orange juice jugo de naranja (m.)
orchestra orquesta (f.)
order (v.) encargar, pedir, ordenar
order (n.) pedido (m.)
other otro(-a)
ouch! ¡ay!
out of order no funciona
outfit conjunto (m.)

oven horno (m.)
owe deber
owner dueño(-a)
oyster ostra (f.)

P

package paquete (m.)
pain dolor (m.)
pair par (m.)
pajama piyama (m.)
pantsuit conjunto de pantalón y chaqueta (m.)
pardon me perdón
parents padres (m.)
park (v.) estacionar, aparcar
park (n.) parque (m.)
parking lot zona de estacionamiento (f.)
part parte (f.), raya (f.)
party fiesta (f.)
passenger pasajero(-a)
patience paciencia (f.)
pavement pavimento (m.)
pay pagar
pay attention prestar atención
pay in advance pagar por adelantado
pea arveja (f.), guisante (m.), chícharo (m.)
peach durazno (m.), melocotón (m.)
peanut maní (m.), cacahuate (m.)
pear pera (f.)
pearl perla (f.)
peel pelar
penicillin penicilina (f.)
people gente (f.)
percent por ciento
permanent permanente (f.)
permit permiso (m.)
person persona (f.)
pharmacy farmacia (f.)
photo foto (f.)
photography fotografía (f.)
pick up recoger
picnic picnic (m.), merienda campestre (f.)
pie pastel (m.)
piece of toast tostada (f.)
pill pastilla (f.)
pillow almohada (f.)
pillowcase funda (f.)
pineapple piña (f.)
pink rosado(-a)
pitcher jarra (f.)
place lugar (m.)
plan (v.) pensar (e:ie), planear

plan (n.) plan (m.)
plaque sarro (m.)
platform (railway) andén (m.)
please favor de, por favor
plug in enchufar
pneumonia pulmonía (f.)
post card tarjeta postal (f.)
post office oficina de correos (f.)
pot olla (f.)
potato papa (f.), patata (f.)
pregnant embarazada
prepare preparar
prescribe recetar
pretty bonito(-a)
previous anterior
price precio (m.)
private privado(-a)
probably probablemente
prosperous próspero(-a)
public público(-a)
pudding budín (m.)
purchase compra (f.)
purse bolsa (f.), cartera (f.)
put poner, colocar
 —in a cast enyesar
 —out a fire apagar un incendio
pyorrhea piorrea (f.)

Q

quality calidad (f.)
quite bastante

R

radiator radiador (m.)
railroad ferrocarril (m.)
 —station estación de trenes (f.)
raise levantar
rape violación (f.)
rate tarifa (f.)
raw crudo(-a)
razor máquina de afeitar (f.)
 —blade navajita (f.)
reaction reacción (f.)
redheaded pelirrojo(-a)
ready listo(-a)
receptionist recepcionista (m. and f.)
record disco (m.)
 —player tocadiscos (m.)
red wine vino tinto (m.)
refuse rehusar
register (for school) (v.) matricularse
register (n.) registro (m.), libro de registro (m.)
registered certificado(-a)

relative pariente (*m. and f.*)
remain quedarse
remember acordarse (o:ue) (de),
  recordar (o:ue)
rent alquilar
repair arreglar, reparar
  —shop taller de mecánica (*m.*)
report (*a crime*) denunciar
reservation reservación (*f.*)
reserve reservar
residential residencial
rest (*f.*) descansar
rest (*n.*) resto (*m.*)
restaurant restaurante (*m.*)
return (*v.*) devolver (o:ue),
  regresar, volver (o:ue)
return (*n.*) regreso (*m.*)
right correcto, verdad
  —away en seguida
  —now ahora mismo
ring anillo (*m.*), sortija (*f.*)
rinse (out) enjuagar(se)
roasted asado(-a)
rob robar
robbery robo (*m.*)
robe bata (*f.*)
roll rollo (*m.*)
room habitación (*f.*), cuarto (*m.*),
  sala (*f.*)
  —service servicio de habitación
    (*m.*)
rose rosa (*f.*)
round (*n.*) asalto (*m.*)
round (*adj.*) redondo(-a)
round trip de ida y vuelta
rum ron (*m.*)
run correr
  —over atropellar

S

safe-deposit box caja de seguridad
  (*f.*)
salad ensalada (*f.*)
salary sueldo (*m.*), salario (*m.*)
sale liquidación (*f.*), venta especial
  (*f.*)
salmon salmón (*m.*)
same mismo(-a)
sandal sandalia (*f.*)
sandwich sándwich (*m.*)
sauce salsa (*f.*)
sausage salchicha (*f.*)
savings account cuenta de ahorros
  (*f.*)
say farewell (to) despedir (e:i),
  despedirse de

scales balanza (*f.*)
scar cicatriz (*f.*)
schedule itinerario (*m.*), horario
  (*m.*)
school escuela (*f.*)
scrambled revuelto
scream gritar
scrub fregar (e:ie)
sea mar
seafood pescados y mariscos (*m.*)
seasick mareado(-a)
seasickness mareo (*m.*)
seat asiento (*m.*)
select escoger, elegir (e:i)
sell vender
seller vendedor(-a)
seem parecer
send enviar, mandar
servant sirviente(-a)
serve servir (e:i)
service servicio (*m.*)
  —station estación de servicio
    (*f.*), gasolinera (*f.*)
set peinado (*m.*); juego (*m.*)
set fire prender fuego
set of teeth dentadura (*f.*)
set the table poner la mesa
shampoo lavado (*m.*), champú
  (*m.*)
sharp (*time*) en punto
shave afeitar(se)
shaver máquina de afeitar (*f.*)
shaving cream crema de afeitar (*f.*)
sheet sábana (*f.*)
shine limpiar, lustrar
shrimp camarones (*m.*)
shoe zapato (*m.*)
  —store zapatería (*f.*)
shoeshine boy limpiabotas
show enseñar, mostrar (o:ue)
shower ducha (*f.*), aguacero
  (*m.*)
shower (*v.*) ducharse
short corto(-a), bajo(-a)
shorts (*underwear*) calzoncillos
  (*m.*)
shot inyección (*f.*)
sick enfermo(-a)
sickness enfermedad (*f.*)
side lado (*m.*)
sideburn patilla (*f.*)
sidewalk acera (*f.*), vereda (*f.*),
  banqueta (*f.*)
sign firmar
signature firma (*f.*)
silver plata (*f.*)
since como, desde

size talla (*f.*), medida (*f.*)
skirt falda (*f.*)
sky cielo (*m.*)
sleeper coche cama (*m.*)
slim delgado(-a)
slow despacio
slowly despacio, lentamente
small chico(-a), pequeño(-a)
smoke fumar
so de modo que, así que, tan
so much tanto(-a)
soap jabón (*m.*)
soccer fútbol (*m.*)
socks calcetines (*m.*)
soda pop gaseosa (*f.*), refresco
  (*m.*)
sodium bicarbonate bicarbonato
  de soda (*m.*)
soft boiled pasado por agua
sore dolorido(-a)
  —throat dolor de garganta (*m.*)
surrounded by rodeado(-a) (de)
soup sopa (*f.*)
south sur (*m.*)
Spain España
special especial
specialty especialidad (*f.*)
speed limit velocidad máxima (*f.*)
spinach espinaca (*f.*)
spit escupir
spoonful cucharada (*f.*)
sport deporte (*m.*)
squeeze apretar (e:ie)
stairs escaleras (*f.*)
stamp estampilla (*f.*), sello (*m.*),
  timbre (*m.*)
stand in line hacer cola
standard shift mecánico, de
  cambio
start (*a motor*) arrancar
station wagon camioneta (*f.*)
stay quedarse
  —in bed (*sick*) guardar cama
steak biftec (*m.*), filete (*m.*)
steal robar
steering wheel volante (*m.*)
stew guisado (*m.*), guiso (*m.*)
stewardess azafata
stick out one's tongue sacar la
  lengua
still todavía
stitch punto (*m.*)
stocking media (*f.*)
stop parada (*f.*)
stop (*v.*) parar
stop! ¡alto!
  —sign señal de parada (*f.*)

store tienda (*f.*)
  —**window** vidriera (*f.*)
stove cocina (*f.*)
stranger desconocido(-a)
strawberry fresa (*f.*)
stuffed relleno(-a)
style estilo (*m.*)
subway subterráneo (*m.*), metro
  (*m.*)
such tal
  —**a** tan
suffer from padecer de
sufficient suficiente, bastante
sugar azúcar (*m.*)
suit traje (*m.*)
suitcase maleta (*f.*), valija (*f.*)
sun sol (*m.*)
sunglasses anteojos de sol (*m.*)
suntan lotion bronceador (*m.*)
supermarket supermercado (*m.*)
superstitious supersticioso(-a)
supper cena (*f.*)
suppose suponer (*conj. like* poner)
suspect sospechar
sweater suéter (*m.*)
sweep barrer
swim nadar
  —**meet** competencia de natación
  (*f.*)
swimming natación (*f.*)
  —**pool** piscina (*f.*), pileta de
  natación (*f.*)
symptom síntoma (*m.*)
syrup jarabe (*m.*)

T

take (*a bus, train, etc.*) llevar,
  tomar
take a deep breath respirar
  hondo
take an X-ray hacer una radiografía
take away llevarse
take care (of) cuidar
take off quitar(se)
take off (*a plane*) despegar
take place tener lugar
take out sacar
talk hablar, conversar
tank tanque (*m.*)
tape recorder grabadora (*f.*)
taste probar (o:ue)
tasty sabroso(-a), rico(-a)
taxi taxi (*m.*)
team equipo (*m.*)
technician técnico (*m.*)

telegraph office oficina de telégrafos (*f.*)
telephone company compañía de
  teléfonos (*f.*)
tetanus tétano (*m.*)
  —**shot** inyección antitetánica
  (*f.*)
terrible terrible
theater teatro (*m.*)
then entonces
there allá, allí
thin delgado(-a)
thing cosa (*f.*)
think pensar (e:ie), creer
this way así, por aquí
threaten amenazar
throat garganta (*f.*)
throw up vomitar, arrojar
ticket boleto (*m.*), pasaje (*m.*),
  billete (*m.*), multa (*f.*)
  —**office** despacho de boletos
  (*m.*)
tie empatar
time tiempo (*m.*), época (*f.*)
  —**certificate** a plazo fijo
timetable itinerario (*m.*), horario
  (*m.*)
tip propina (*f.*)
tire goma (*f.*), llanta (*f.*)
toast (*n.*) brindis (*m.*)
toast (*v.*) tostar (o:ue)
toaster tostadora (*f.*)
toe dedo del pie (*m.*)
together junto, juntos(-as)
toilet paper papel higiénico
  (*m.*)
tomato tomate (*m.*)
  —**juice** jugo de tomate (*m.*)
  —**sauce** salsa de tomate (*f.*)
tongue lengua (*f.*)
tonight esta noche
too demasiado, también
tooth diente (*m.*), muela (*f.*)
toothbrush cepillo de dientes (*m.*)
toothpaste pasta dentífrica (*f.*)
touch tocar
tour excursión (*f.*)
tow remolcar
  —**truck** grúa (*f.*), remolcador
  (*m.*)
toward hacia
traffic tráfico (*m.*)
  —**policeman (-woman)** policía de
  tránsito (*m. and f.*)
  —**signal** semáforo (*m.*)
train tren (*m.*)
transformer transformador (*m.*)

trash basura (*f.*)
  —**can** lata de basura (*f.*)
travel (*n.*) viaje (*m.*)
travel (*v.*) viajar
traveler's check cheque de viajero
  (*m.*)
tray bandeja (*f.*)
trim (*n.*) recorte (*m.*)
trim (*v.*) recortar
trip viaje (*m.*)
trout trucha (*f.*)
true verdad, cierto,
  verdadero(-a)
trunk (*of a car*) maletero(-a),
  valijera (*f.*)
try probar (o:ue), tratar
T-shirt camiseta (*f.*)
turbulence turbulencia (*f.*)
turkey pavo (*m.*), guajalote (*m.*)
  Mex.
turn (*n.*) turno (*m.*)
turn (*v.*) doblar
  —**off** apagar
  —**up the volume** subir el
  volumen
T.V. set televisor (*m.*)
twist torcer (o:ue)

U

ugly feo(-a)
uncomfortable incómodo(-a)
under debajo (de)
underdeveloped sub-
  desarrollado(-a)
underwear ropa interior (*f.*)
up arriba
  —**here** aquí (acá) arriba
upper berth litera alta (*f.*)
upstairs arriba
urgent urgente
use usar

V

vacant libre, vacante
vacate desocupar
vacuum pasar la aspiradora
  —**cleaner** aspiradora (*f.*)
vanilla vainilla (*f.*)
vegetable verdura (*f.*)
vegetarian vegetariano(-a) (*m.
  and f.*)
vermouth vermut (*m.*)
visa visa (*f.*)
voice voz (*f.*)
volume volumen (*m.*)

W

waist cintura (*f.*)
wait on atender (e:ie)
waiter camarero (*m.*), mozo (*m.*),
  mesero (*m.*)
waiting room sala de espera (*f.*)
wall pared (*f.*)
wallet billetera (*f.*)
want desear, querer (e:ie)
wash fregar (e:iv), lavar
washer lavadora (*f.*)
watch reloj (*m.*), reloj de pulsera
  (*m.*)
water agua (*f.*)
watermelon sandía (*f.*), melón
  de agua (*m.*)
weak débil
weave (*a car*) zigzaguear, ir
  zigzagueando
wedding boda (*f.*)
week semana (*f.*)
weigh pesar
weight peso (*m.*)

welcome bienvenido(-a)
well bien, pues, bueno
  —done bien cocido(-a)
west oeste
wet mojado(-a)
what? ¿qué?
what lo que
which? ¿cuál(-es)?
while mientras
why? ¿por qué?
wig peluca (*f.*)
win ganar
window (*of a plane*) ventanilla
  (*f.*)
windshield parabrisas (*m.*)
  —wiper limpiaparabrisas (*m.*)
wine vino (*m.*)
wish desear
within dentro
without sin
witness testigo (*m. and f.*)
work trabajar, funcionar
world (*n.*) mundo (*m.*)
world (*adj.*) mundial

worry preocupar(se)
wound herida (*f.*)
wrap envolver (o:ue)
wrist muñeca (*f.*)
wristwatch reloj de pulsera (*m.*)
write down anotar
writing paper papel de carta (*m.*)

X

X-ray radiografía (*f.*)
  —room sala de rayos X(equis) (*f.*)

Y

yellow amarillo(-a)
yield ceda el paso
yogurt yogur (*m.*)
young joven
  —man joven (*m.*), muchacho
  (*m.*)
  —pig lechón (*m.*)
  —woman joven (*f.*), muchacha
  (*f.*)

Answer Key to the "Crucigramas"

Lessons 1-5 *Horizontal*: 1. padres, 6. equipaje, 7. llave, 8. literatura, 11. frazadas, 15. todos, 16. ensalada, 17. tarjeta, 23. bicarbonato, 25. desayuno, 28. empleado, 30. demasiado, 31. tienda, 34. cama, 35. interior, 38. jardín, 39. calefacción, 40. llegan, 41. sala. *Vertical*: 1. próspero, 2. idea, 3. fumo, 4. felicidades, 5. bonita, 6. estampilla, 7. llamada, 9. farmacia, 10. Navidad, 12. dueña, 13. discoteca, 14. toma, 18. crema, 19. corren, 20. casualidad, 21. conversamos, 22. guapo, 23. boleto, 24. camarero, 26. helado, 27. banadera, 29. habitación, 30. dormitorio, 32. morena, 33. timbre, 34. caliente, 36. oficina, 37. cuadra.

Lessons 6-10 *Horizontal*: 3. durazno, 5. pasaporte, 6. mesa, 8. camisón, 10. cabeza, 11. ají, 12. aterrizar, 14. sandía, 16. fui, 17. documento, 19. aspiradora, 21. café, 23. afortunadamente, 24. bandeja, 25. chica, 27. ve, 28. taza, 29. moda, 30. jamón, 35. vuelta, 36. largo, 37. huevo, 38. papá, 39. ganga, 40. mareado, 42. medida, 43. espejo, 44. manzana, 45. importa. *Vertical*: 1. mantequilla, 2. matriculé, 3. docena, 4. perdón, 5. pasado, 7. barbería, 9. pasajero, 12. alquila, 13. amarillo, 15. dama, 18. chaqueta, 20. cabello, 21. cebolla, 22. entra, 23. azafata, 25. cepillarme, 26. falda, 31. nublado, 32. casado, 33. uvas, 34. queso, 36. limpian, 37. hermoso, 41. fecha.

Lessons 11-15 *Horizontal*: 1. robar, 3. regalo, 6. frente, 7. caballero, 11. cinturón, 13. automovilística, 14. sobre, 16. bastante, 17. hacia, 19. grúa, 20. sur, 21. exagera, 22. aceite, 25. este, 26. desinfecta, 28. almohada, 33. desodorante, 35. consultorio, 36. sala, 38. gris, 40. oeste, 42. deporte, 44. multa, 45. incómoda, 48. gato, 50. inyección, 51. socorro, 52. motor, 53. navajita. *Vertical*: 2. río, 3. radiografía, 4. garganta, 5. freno, 6. funciona, 8. batería, 9. estación, 10. itinerario, 11. colchón, 12. cartera, 15. España, 16. bronceador, 18. norte, 21. elevador, 22. anota, 23. extranjero, 24. peine, 27. ambulancia, 28. anteojos, 29. automático, 30. describe, 31. cerradura, 32. curita, 33. disco, 34. despacio, 37. fractura, 39. semáforo, 41. mandan, 43. expreso, 46. joven, 47. marca, 49. mapa.

Lessons 16-20 *Horizontal*: 1. maní, 2. pavo, 3. joyería, 6. oro, 8. propina, 9. cuida, 10. familia, 11. hoja, 12. olvidarse, 13. lámpara, 16. devuelve, 17. muestra, 18. florería, 19. copa, 20. frito, 24. diariamente, 27. ginebra, 28. gripe, 29. torta, 30. mantel, 32. magnífico, 34. mojado, 35. operaron, 37. ostra, 42. orquesta, 43. préstamo, 44. recomienda, 45. albóndigas. *Vertical*: 1. mayonesa, 2. pepino, 3. joya, 4. misma, 5. apaga, 7. jarra, 10. fiebre, 11. hamburguesa, 14. planes, 15. deposita, 16. dentadura, 21. fregadero, 22. hiervo, 23. lechón, 24. diamante, 25. infectado, 26. línea, 27. gelatina, 30. mixta, 31. náusea, 33. olla, 34. mejorarse, 36. perla, 38. piorrea, 39. apenas, 40. apio, 41. pared.

4 5 6 7 8 9 0